訳文庫

道徳の系譜学

ニーチェ

中山元訳

kobunsha classics

光文社

Title : ZUR GENEALOGIE DER MORAL
1887
Author : Friedrich Nietzsche

凡例

（1）本書の原文のテクストは、Friedrich Nietzsche, *Jenseits von Gut und Böse, Zur Genealogie der Moral*, Kritische Gesamtausgabe, Herausgegeben von Giorgio Colli und Mazzino Montinari, Walter de Gruyter & Co, 1968である。なお学生版のコンメンタール（*Kommentar zu den Banden* 1-13, Kritische Studienausgabe in 15 Einzelbänden, herausgegeben von Giorgio Colli und Mazzino Montinari, Walter de Gruyter & Co, 1988）も参考にした（以下ではコンメンタール巻と呼ぶ）。

（2）巻末の訳注と年譜の作成にあたっては、コンメンタール巻と三島憲一ほか編『ニーチェ事典』（弘文堂）を参考にしている。

（3）節のサブタイトルはすべて訳者によるものである。なお、読みやすいように区切りのよいところで改行をいれている。［　］で囲んだ部分は、訳者による補足である。

目次

道徳の系譜学――論争の書

最近刊行された『善悪の彼岸』を補足し、説明するための書物として

序

一　自己認識という難問

わたしたちが、わたしたち自身にとっても未知な存在であること、認識者であるわたしたちですら、わたしたち自身にとって未知な存在であることには、十分な理由があるのだ。わたしたちは自分のことを探し求めなかったのだ。──だとすると、わたしたちがある日、自分自身をみいだすことなど、あるはずがないではないか？「あなたの富のあるところに、あなたの心もあるのだ」と言われたのは正しいことだ[1]。わたしたちの認識の〈巣箱〉のあるところに、わたしたちの宝もあるのだ。生まれながらに羽根をそなえ、精神の蜜を集める動物として、わたしたちはつねに巣箱に向かっているのだ。そして心の底から配慮しているのはただ一つのことである――何かを「巣箱に持ち帰る」ことだ。

生のそのほかの事柄、いわゆる「体験」にかかわることなど、――わたしたちのうちの誰がそのようなことに真面目になれるというのだ？　誰がそのような時間をもっているというのか？　このような事柄については、わたしたちは真の意味で「事柄に即して」いたことがないのではないかと懸念する。わたしたちは心ここにあらず、であり、――わたしたちの耳もそこにあらず、である！　むしろわたしたちは、神のごとくに放心して、みずからのうちに沈潜している者だ。今、鐘がそのすべての力をもって、正午の一二の鐘の音をその者の耳に鳴り響かせるとき、急に目覚めて「今の鐘はいくつ鳴ったのか？」と自問するかのように、わたしたちもしばしばあとになって耳をこすって、戸惑い、狼狽《ろうばい》しながら尋ねるのだ。「わたしたちはあそこでそもそも何を経験したのか？」と。あるいは「わたしたちはそもそも誰なのか？」と自問するのである。そしてすでに述べたように、あとになって、わたしたちの体験や生や存在を震わせる一二の鐘の音のすべてを数え直すのである――そしてああ何と！　わたしたちは数え違いをするのだ……。わたしたちにとって、自己こそ見知らぬ者であらざるをえない。わたしたちがみずからを理解することなどない。わたしたちは自分を他人と間違えざるをえないのだ。わたしたちには「誰もが自分からもっとも遠いものである」という命題が、永遠にあてはまるのだ。——わたしたちは自分については、「認識者」ではないのである……。

二　認識の樹

——わたしたちの道徳的な偏見の起源については——それがこの論争書の主題である——、『人間的な、あまりに人間的な——自由な精神のための書』というタイトルのアフォリズム集で初めて考察したが、それはまだ暫定的で、乏しい考察にすぎなかった。この書物の草稿はソレントで書き始めた。まだ冬の頃だった。わたしはその地に滞在しながら、漂泊する者が立ちどまるように、それまでわたしの精神が漂泊してきた広大で危険な土地を見わたすことができたのだった。一八七六年から一八七七年にかけての冬のことだった。しかしそこに書き留められた思想そのものは、もっと古いものだ。そして主な点については、この論文でふたたび取りあげた内容とほとんど同じものである。――それからかなり時間が経過したことが好ましい結果をもたらして、以前の考えがさらに成熟し、明晰で、力強く、完全なものとなっていることを期待しよう！

しかしわたしが今なお、あの考え方に固執しているという事実と、しかもその後さまざまな考え方がたがいにしっかりと結びつき、たがいに入り組み、結び合って成長してきたという事実は、わたしのうちで喜ばしい確信を強めてくれる。わたしはこれらの思想は最初からわたしのうちで、個別で任意のものだったり、散発的に存在していたりしたものではなくて、共通の根から生まれてきたものであること、そして深いところから命令し、いっそう明確なことを語り、いっそう明確なことを要求する認識の根本の意志から生まれてきたものであることを確信するのだ。というのは、哲学者にふさわしいのは、こうしたことだけだからだ。

わたしたちにはいかなることにおいても、個別なものであることを求める権利はない。わたしたちは個別者として誤ってはならないし、個別者として真理と出会ってもならないのだ。そうではなく、一本の樹に果実が実るような必然性をもって、わたしたちの思想が、価値が、肯定《ヤー》と否定《ナイン》が、〈もしも〉と〈かどうか〉が実ってくるのだ――すべてのものはたがいに親しいものであり、すべてが一緒になって、一つの意志、一つの健康、一つの土地、一つの太陽を証《あか》すものとして生まれてくるのだ。――わたしたちの果実は君たちの口にあうだろうか？――しかしそのようなことは、「認識を実らせる」この樹にはかかわりのないことなのだ！　わたしたち、哲学者には！……

三　アプリオリな問い

わたしには公にしたくない独自の疑念があった――すなわち道徳に関する疑念であり、地上でこれまで道徳として崇《あが》められてきたすべてのものに対する疑念である――。この疑念はわたしの生涯において非常に早い時期に、ごく自然に、抑えがたいものとして生まれてきたものであり、わたしの周囲の環境、年齢、模範、素性などと矛盾した形で生まれてきたものだから、わたしにはそれを自分にとって「アプリオリなもの」と呼ぶ権利があると言えるほどなのである。――わたしの好奇心と疑念は早くから、わたしたちの善と悪にはほんらい、どのような起源があるのかという問いにこだわらざるをえなかったのである。じつのところわたしは一三歳の少年の頃から、悪の起源という問題につきまとわれたのである。「胸のうちの半ばを子供の遊戯が、半ばを神が」占めている年齢にあって、(2)わたしの最初の子供っぽい文学的な遊びと最初の哲学の考察の練習を、この問題に捧げたのである――そしてこの問題についてその頃にわたしが考えた「解決」策は、ごく当然なことだが、神に栄誉を与えて、神を悪の父とするものだった。

まさにそれこそが、わたしにとっての「アプリオリなもの」が求めたことだったのではなかっただろうか？　それこそが、新しく、反道徳的な、いや少なくとも非道徳的な「アプリオリなもの」であり、そこから（ああ！）あまりに反カント的で、謎めいた「定言命法」が語るのではなかったろうか。(3)そしてこの定言命法にわたしはますます耳を貸すようになり、しかも貸すのは〈耳〉だけではなくなったのではないだろうか？……

幸いなことに、わたしはやがて神学的な偏見を、道徳的な偏見から切り離すことを学んだのであり、悪の起源をもはや世界の背後に探すようなことはなくなった。わたしは生まれながらに、心理学的な問題についてはある種の選択感覚をそなえていたし、さらには歴史学と文献学を学んだことで、やがてわたしの問題はもっと別の形で表現されるようになった。すなわち、人間はどのような条件のもとで、善いとか悪いとかの価値判断を下すことを考えだしたのだろうか？ そしてこうした価値判断そのものには、どのような価値があるのか？ この価値判断はこれまでのところ、人間の繁栄を阻害したのか、それとも促進したのか？ この価値判断は人間の生の困窮、窮乏化、堕落の兆候なのだろうか？ それとも反対に、人間の生の充実と力と意志の現れであり、その勇気と自信と未来がそこに示されているのだろうか？

——こうした問いにわたしは、さまざまな答えをみつけたのだったし、思い切って答えることを試したのだった。時代ごと、民族ごと、個人の位階ごとに区別し、問題を細部に分けて考えた。そしていくつもの答えから、また新たな問いが、探求が、推測が、推定が生まれたのだ。そしてわたしはついに自分だけの国、自分だけの土地をみいだした。ここは［植物が］繁茂し、花開く沈黙した世界であり、誰も考えたことすらない秘密の園だったのだ……。ああ、わたしたち認識者は、どれほど幸福な者たちだろう。ただしわたしたちが十分に長いあいだ、口を噤《つぐ》んでいる術《すべ》を知っているならばだが！……

四　道徳の系譜学の前史

道徳の起源についてのわたしの仮説をいくらかでも発表する最初のきっかけを与えてくれたのは、明晰で、さわやかで、巧みで、こましゃくれた小さな書物だった。そこにわたしは、転倒し倒錯した系譜学的な仮説が、しかも純イギリス風の仮説が、初めて明確に語られていることをみいだしたのであり、それがわたしを魅了した——自分のものと正反対なもの、対蹠的《たいしょてき》なものがもつあの魅力をもって。この小さな書物のタイトルは『道徳的な感情の起源』であり、著者はパウル・レー博士だった。(4) 刊行の年は一八七七年である。この本ほど、一つの文章ごとに、一つの段落ごとに、違《ナイン》うと語りつづけて読んだ本はないだろう。ただし憤懣を感じることも、うんざりすることもなしにである。

その頃に執筆していた前述の著作［『人間的な、あまりに人間的な』］のうちで、わたしは折にふれ、あるいは場合も構わずに、この本のさまざまな文章を引用した。ただし反論しようとしてではなく——反論することなど、わたしの仕事ではない！——、積極的な精神にふさわしい形で、ありえないものの代わりにありうるものを語り、場合によっては一つの誤謬の代わりに、別の誤謬を語ろうとしたのである。

前にも言ったが、当時わたしは初めて、この論文の主題である道徳の起源の問題に光をあてようとしていたのだが、やり方は拙劣だったし、そのことをわたしはいささかも隠そうとは思わない。それにわたしはまだ自由に語ることができなかったし、この特別な問題を語る独自の言葉をもっていなかったので、さまざまな後戻りや動揺を避けられなかった。個々の実例としては、次のところを参照していただきたい。『人間的な、あまりに人間的な』の断章四五で、善と悪の二重の前史について論じているところ（すなわち貴族階級の道徳と奴隷階級の道徳についての記述）、同書の断章一三六以下で、禁欲主義的な道徳の価値と由来について語っているところ、さらに断章九六、九九、および下巻の断章八九の「習俗の道徳性」について考察しているところである。ここは、利他的な価値評価の方法とは、天と地のようにかけ離れている古い根源的な道徳について語っているところだ（イギリスのすべての道徳系譜学者と同じように、レー博士は利他的な価値づけが道徳的な価値づけそのものだと考えているのである）。さらに同書の断章九二、『漂泊者とその影』の断章二六、『曙光』の断章一一二において、正義はほぼ同等な力をもった人々の力の均衡から生まれたものだという、正義の起源について語っているので、その記述をごらんいただきたい（均衡というものはすべての契約の前提であり、そのためにすべての権利の前提なのだ）。また『漂泊者とその影』の断章二三と断章三三の刑罰の由来についての記述で、威嚇という目的は、刑罰に本質的なものでも根源的なものでもないことを示したところをごらんいただきたい（レー博士は威嚇が刑罰に本質的であり、根源的だと主張する。――しかし威嚇はむしろ特殊な事情のもとで、つねに付随的で追加的なものとして、刑罰に加えられたのだ）。

五　同情の哲学

その頃にわたしの心を占めていたのは、道徳の起源についての自分や他人の仮説などよりも、はるかに重要な問題だったのだ（正確には、道徳の起源というものはある重要な目的を実現するための一つの手段にすぎず、しかも多くの手段のうちの一つにすぎなかったのだ）。わたしにとって重要だったのは、道徳の価値という問題だった。――そしてこの問題に関してわたしは自分の偉大な師であるショーペンハウアーと、ほとんど独力で対決しなければならなかったのだ。『人間的な、あまりに人間的な』という書物、その情熱とひそかな反論は、ショーペンハウアーを目の前にして語るように書かれたものだったのだ（——あの書物も本書と同じように一つの「論争の書」だったからだ）。

とくに議論が対立したのは、「非利己主義的なもの」について、同情の本能、自己否定の本能、自己犠牲の本能のもつ価値についてだった。これらのものをショーペンハウアーは長いあいだ美化し、神化し、彼岸のものとしていたために、ついに彼にとっては「価値そのもの」となってしまったのである。そしてショーペンハウアーはこれに基づいて、生にたいしてそして自分自身にたいして、否と語ったのである。

しかしまさにこれらの本能にたいして、わたしのうちのつねに根本的な疑念が、つねに深いところに根差す懐疑の念が、口を開いたのだった！　わたしはまさにここに、人間にとっての危険、人間をきわめて巧みに誘い、誘惑する大いなる危険をみいだしたのである——どこへ向かって誘惑するのか？　虚無に向かってか？——ここにこそ、終わりの始まりを、停滞を、過去を振り返る疲労を、生に抗う意志を、そしてやさしく陰鬱《いんうつ》に姿を現す最後の病をみいだしたのだ。ますます蔓延しながら、哲学者までを襲って病気にしている〈同情の道徳〉をみいだしたのだ。この同情の道徳は、すでに不気味なものになりつつあるわがヨーロッパ文化のうちでも、もっとも不気味な兆候であり、一つの迂回路でもある。この迂回路が導くのは、新しい仏教へだろうか？新しいヨーロッパ人の仏教へだろうか？――それともニヒリズムへだろうか？……

現代の哲学者は〈同情〉というものを好み、過大評価しているが、ここには何か新しいものがある。これまでの哲学者たちは、同情が価値のないものであることで、みんな意見が一致していたからだ。ここではプラトン、スピノザ、ラ・ロシュフーコー、カントの名前をあげるにとどめる。これらの四つの精神は、たがいに考えられるかぎりでもっとも異質だったが、一つの点については、すなわち同情を低く評価するということだけでは、意見が一致していたのである。――

六　道徳の危険性

同情そのものと、同情の道徳の価値という問題は、一見したところ個別的な問題にすぎず、一つの孤立した疑問符のようにみえる（――わたしは、現代において感情が柔弱になったのは恥ずべきものだと考え、これに反対する者である——）。しかしこの問題を掘り下げて、ここで問いを発することを学んだ者には、わたしに起きたのと同じことが起こるだろう。——新しい巨大な展望が開けてくるのであり、一つの可能性が眩暈《めまい》のようにその者をひっつかむのである。すべての種類の不信と疑念と恐怖が躍りでてくる。道徳への信念が、すべての道徳への信念が揺らぐのであり、——ついには新たな探求の声が響くようになる。この新たな探求の声を口にだして語ってみよう。すなわちわたしたちには道徳の価値の批判が求められている。道徳の価値の価値そのものに、ひとたびは疑問のまなざしを投げることが求められているのである——そしてそのためには、これらの価値が生まれ、発展し、変遷してきた条件と状況についての知識が必要となる（何らかの結果としての道徳、兆候としての道徳、仮面としての道徳、偽善としての道徳、疾病としての道徳、誤解としての道徳。しかしそれだけでなく、原因としての道徳、治療薬としての道徳、興奮剤としての道徳、抑制剤としての道徳、毒物としての道徳について）。こうした知識はこれまで存在していないだけでなく、求められてもいなかったのである。

　これまではこれらの「価値」という言葉の価値は所与のものとして、事実として、いかなる問題提起の対象にもならないものとしてうけとられてきた。「善人」は「悪人」よりも価値の高いものであると想定すること、人間なるもの（人間の未来を含めて）の育生と有用性と繁栄という観点からみて、善人を高く評価することには、これまでごくわずかな疑問も抱かれたことはないし、その評価が揺らいだこともなかったのである。

しかしどうだろうか？　もしもその反対が真理だとしたら？　どうだろうか？「善人」のうちにも退化の兆候が含まれているとしたら、同じように危険が、誘惑が、毒物が、麻酔剤が含まれていて、そのおかげで現在が未来を犠牲にしながら生きのびているのだとしたら？　現在のほうがのんびりとしていて、危険もないとしても、ただこぢんまりと下劣に生きようとしているのだとしたら？……。人間という類型のうちでも、そのものとしてありうるような最高度に力強く、豪奢な類型が決して登場しないのは、道徳の〈せい〉だとしたらどうだろう？　すなわち道徳こそが、危険のうちの最大の危険だとしたら？……

七　道徳の歴史の重要性

そういうわけで、わたしがこうした視点をもつようになると、学識があり、大胆で、仕事熱心な仲間を探し始めたのは、十分に理由のあることだった（わたしは今でも探しつづけているのだが）。道徳というこの巨大で、遠く、人々の目から隠された領土を——しかしこの道徳は実際に存在し、実際に生きられた道徳なのである——、まったく新しい問いをもって、新しいまなざしによって旅することが必要だったのだ。それはこの領土を初めて発見することと、それほどの違いはないのではないか？……。わたしはとくに前記のレー博士のことを考えていたのだが、それはそこで立てられている問題の本性からして、正しい答えに到達するためには、レー博士は正しい方法論を採用せざるをえないだろうと考えたからである。これについてわたしは思い違いをしていただろうか？

いずれにしてもわたしが願っていたのは、あれほど鋭く、こだわりのないまなざしの持ち主に、もっとよい方向を、真の道徳の歴史に向かう方向を示すことだった。そしてまだ間に合ううちに、レー博士がとりとめもないイギリス風の仮説に陥らないように、忠告したかったのである。というのも道徳の系譜学者にとっては、こんな〈とりとめもないこと〉よりも百倍も大切なことがあるはずであり、それは自明なことだったからである。それはもちろんおぼろげながらも古い事実に即したものである。[5]すなわち、事実を記録した文書に基づいたもの、実際に確認しうるもの、実際に存在していたもの、要するに、人間の道徳の歴史の長く、解読するのに手間のかかる象形文字文書の全体にかかわることなのだ！——レー博士はこうしたもののことを知らなかったのだ。しかし彼はダーウィンを読んでいた。——そのために彼の仮説では、ダーウィン風の野獣と、「もはや嚙みついたりはしない」極めつきの現代風でつつましい道徳的な〈優男《やさおとこ》〉が、行儀よく手を握りあっているのであり、これにはそれなりの〈おかしみ〉がないわけではない。ところでこの道徳的な〈優男〉の顔には、ある種の人の良さと上品な無関心さの表情が浮かんでいて、いくらかのペシミズムと倦怠感が入り交じっているのだ。あたかも、こんなこと——道徳の問題だ——など真面目に考えてもどんな報酬も手に入らないとでも言いたいかのようである。

しかしわたしには反対に、この問題ほど真面目にとることで大きな報酬を手にできた問題はないと思えるのである。その報酬の一例としては、いつかこの問題を晴れやかに考察できるようになるかもしれないことが挙げられる。この晴れやかさということが、わたしの表現では悦ばしき智恵こそが、――一つの報酬なのだ。これは長いあいだ、勇敢に、熱心に、地下にもぐって真面目に働いたことにたいする報酬なのだが、もちろん誰にでもできるというものではない。しかしわたしたちがいつの日か、心の底から「前に進め！　われらが古き道徳もまた喜劇なのだ！」と宣言できた日には、わたしたちは「魂の運命」というディオニュソス的な演劇のための新たな可能性と、もつれた筋書きを発見したことになるのである――。そうなれば人間という存在について語りつづける偉大で年老いた永遠の喜劇作者はおそらく、（賭けてもいいが）これを利用することだろう！……

八　読解の習練

――この書物が理解しにくいものであり、耳障りだとしても、それは必ずしもわたしのせいではないように思われる。これは明晰な書物だが、そのためには［読者が］

わたしがこれまで書いてきた書物を読み、そして読みながら多少の労力を惜しまなかったことが前提であり、わたしはそれを前提としてこの書物を書いている──ただし実際にはわたしが書いてきた書物は近づき難いかもしれない。たとえばわたしの『ツァラトゥストラかく語りき』だが、そこに書かれている一つ一つの言葉にあるときは深く傷つき、あるときは深く魅了されなかった者は、あの本を熟知している者とは認め難いのだ。そのような経験をしなければ、読者はかの書物が生まれた静謐な場《エレメント》、太陽に照らされたような明るさ、遥かさ、広やかさ、確かさに、畏敬の気持ちをもって与《あずか》るという特権を享受することはできないのである。

あるいはあの書物のアフォリズムの形式が困難な問題をもたらしたかもしれない。というのも今日ではこの形式がごく安直に考えられているためである。きちんと彫琢され、鋳造されたアフォリズムというものは、ただ読んだだけでは、「暗号解読」できないのである。読んだ後に解釈を始める必要があるのであり、そのために解釈の技術が必要なのだ。本書の第三論文には、わたしが「解釈」と呼ぶものについて見本を示しておいた。──この論文の冒頭には、一つのアフォリズムが掲げられているが、これはこの論文の注解の役割をはたしている。もちろんこのような形で読むことを一つの技術として習練するためには、あることが必要なのだが、それが今日では何よりも忘れられていることなのだ——それだけにわたしが書いた書物が「読めるようになる」までは、まだしばらく時間が必要なのである——。必要なこと、それは「現代的な人間」であってはならず、ほとんど牛になること、すなわち反芻することなのだ……。

オーバーエンガディンのジルス・マリアにて

一八八七年七月

第一論文　「善と悪」と「良いと悪い」

一　イギリスの心理学的な道徳研究の功績

——これまで道徳の発生の歴史を考察するという独特な試みを行ったのはイギリスの心理学者たちであり、わたしたちはその恩恵に与《あずか》っているが、——彼らはわたしたちに少なからぬ謎をかけたのである。じつのところ彼ら自身が〈生ける謎〉なのであって、それが彼らの書物以前に一つの本質的なものとなっているのである——彼ら自身が興味をそそるのである！　このイギリスの心理学者という者たち——彼らはそもそも何を望んでいるのか？

　わたしのみるところ彼らは、みずから欲してかどうかを問わず、つねに同じ仕事に従事している。すなわち人間の内部世界の〈恥ずべき部分〉を前景に押しだし、ほんらいの意味で効果的で、指導的で、発展のためにもっとも決定的な要因を、人間の知的な誇りがもっとも望まないところに探しだそうとするのである（たとえば習慣の惰力とか、忘れやすさとか、無意識的で偶然的な観念の結合や力学とか、あるいは純粋に受動的なもの、自動機構的なもの、反射的なもの、分子的なもの、根本的に愚鈍なもののうちにである）――この心理学を、この方向に衝《っ》き動かしているのは、どのようなものなのだろうか？

それは人間を卑小なものにしようとする本能、内密で、意地が悪く、卑劣で、おそらく自分自身でも認め難い本能なのだろうか？　あるいはペシミストの疑念なのだろうか、それとも絶望し、陰鬱になり、悪意がこもって不機嫌になった理想主義者の不信の念なのだろうか？　あるいは一度も意識の〈閾《しきい》〉を超えることがなかったキリスト教（およびプラトン）にたいする小さな隠された敵意と恨みの気持ちなのだろうか？　あるいは、存在のうちに含まれる異質なものを、痛みを引き起こすような逆説を、疑わしいものと無意味なものを欲望する趣味なのだろうか？　それとも最後に――それらのすべてを混ぜ合わせて、わずかな卑俗さ、わずかな陰鬱さ、わずかな反キリスト教的な姿勢、そして胡椒によるわずかなむずがゆさへの欲望なのだろうか？……

ところで人の言うところによると、そこが自分のほんらいの場《エレメント》であり、すなわち泥沼であると言わんばかりに、人間の周囲を這《は》い回り、人間のうちに忍び込んで跳ねるのは、老いて冷たく、退屈な蛙だけだという。しかしそのような言葉には抵抗を感じる、というよりも、わたしはそんなことは信じない。確実なことを知りえない場合には、望むことしかできないのだとすれば、わたしはイギリスの心理学者については、その正反対のことがあてはまることを、心の底から望むものである。——イギリスのこれらの魂の探求者、魂の顕微鏡学者たちは、実際には勇敢で寛大で誇り高い動物であって、自分の気持ちや苦痛を制御する術を知っていて、真理の前ではすべての願いごとを犠牲にするだけの弁《わきま》えがあることを望みたい。それはあらゆる真理のためにであって、それがあるがままで、耳障りで、醜悪で、反感を引きおこし、反キリスト教的で、反道徳的な真理であってもである……。そのような真理というものも存在するからなのだ。——

二 〈良い〉と〈悪い〉という概念の起源

だからこうした道徳の歴史家を支配している良き霊《ガイスター》にあらゆる敬意を捧げよう！ しかしこうした歴史家に、歴史的な精神（ガイスト）そのものが欠如していること、彼らがまさに歴史の〈良き霊《ガイスター》〉から見放されていることは、残念ながら確かなことなのだ！ 彼らは誰もが、かつての哲学者たちがつねにそうだったように、本質的に非歴史的な考え方をするのだ。それに疑問の余地はない。彼らの道徳の系譜学の拙劣さは、「良い」という概念と判断の起源を確認しようとする最初のところから、たちまち露呈してしまうのだ。彼らは宣言する──「人間はそもそも利己的でない行動を、その行動の恩恵をうけ、それが役立った人々の側から称賛して、それを〈良い〉ものと呼んだ。後になると、称賛したのがどのような経緯からだったかという問題が忘却され、利己的でない行動そのものが、習慣的につねに良いと称賛されてきたという理由で、良いものと感じられるようになった──それが〈善〉そのものであるかのように」。

この推論には、イギリスの心理学の特異体質にみられる典型的な特徴がすべてそなわっていることがすぐに分かるだろう。――ここでは「有用性」「忘却」「習慣」、そして最後に「錯覚」のすべてが、価値評価の基礎となっている。そして高級な人間は、このような基礎に立つことを、人間のある種の特権そのものとして誇ってきたのである。この誇りを挫《くじ》くべきであり、この価値評価の価値を否定すべきであるというのだ。しかしそれは実行されただろうか?……

この理論では〈良い〉という概念のほんらいの発生場所を間違ったところに探していること、間違った場所に想定していることは、わたしには自明なことに思える。「良い」という判断は、「良いこと」をしてもらった人々の側から生まれるものではないのだ！ この判断はむしろ「良い人々」の側が行ったものである。すなわち高貴な人々、力の強い人々、高位にある人々、高邁な人々の側が行ったのである。こうした人々はみずからと自分の行動を、すべての低い者たち、心情の下劣な者たち、粗野な者たち、賤民たちとは違って、〈良い〉もの、第一級のものと感じて、評価したのである。

彼らはこの距離のパトスから、さまざまな価値を作りだし、これらの価値に名前を与える権利を初めて獲得したのである。有用性などは、まったく無視したのだ！位階の順序を定め、位階に注目させる最高級の価値判断が熱く湧きでるところでは、有用性という観点は考えられるかぎりでもっとも異質で、ふさわしくないものである。ここには、計算する狡猾さ、有用性の計算が前提とする微温的な感情とは、まったく反対の感情が働いているのである。——それも一度だけあるいは一時的な例外としてではなく、永続的なものとしてである。

この高貴さと距離のパトスは、すでに指摘したように、低い類型、「下位の者たち」にたいして、支配する高位の類型の者たちが感じる持続的で支配的な感情、全体的で根本的な感情なのだ——それこそが、「良い」と「悪い」という対立の起源である（名前を与えるという主人の権利はきわめて広い範囲に及ぶものであるから、言葉の起源そのものも、支配する者の力の表現とみなすことができるのである。支配する者は、「これはこういうものである」と語る。そしてあらゆる事物と出来事を、それに命名した語によって封印するのであり、同時にそれを所有するのである）。

かの「イギリスの」道徳の系譜学者たちの迷信によると、「良い」という語は利己的でない行動と結びついているというのだが、この語が必ずしも最初から利己的でない行動と結びつくものでなかったのは、このような起源のためである。むしろ貴族的な価値判断が没落したときになって、初めて「利己的」と「利己的でない」という対立が、人間の良心にますます重くのし掛かってくるようになったのである。――わたしの表現で語れば、このような対立を表現するようになったのは（すなわち言葉として語られるようになったのは）、家畜の群れの本能のためなのだ。そしてその後長い年月を経て、この群れの本能が主人になり、道徳的な価値の評価がこの対立のもとで行われるようになり、ここから離れられなくなったのである（たとえば現在のヨーロッパがその好例である。今日では「道徳的」「利己的でない」「無私無欲」のような概念がすべて同じことを意味するようになったのであり、この偏見がすでに「固定観念」として、脳の病として猛威を振るうようになっているのである）。

三　有用性の仮説

第二に、「良い」という価値判断の起源についてすでに指摘した仮説は、歴史的に根拠のないものであることは別としても、この仮説が心理学的な矛盾に悩まされていることを指摘しておこう。この仮説によると、利己的でない行動は他人にとって有用なものであるからこそ称賛に値するのだが、この起源は忘却されたというのである。――しかしどうして忘却されることがありえたのだろうか？　こうした行動が、ある時点でもはや有用なものであることをやめたのだろうか？　しかし実際はその反対である。こうした有用性はいつの時代でも日常的な経験だったのであり、つねに新たに強調されつづけたのだった。だから意識から消失するどころか、そして忘れられるどころか、ますます強く明確なものとして意識に刻印されねばならなかったのである。

だから、たとえばハーバート・スペンサーなどが主張する反対論のほうが合理的なのである(6)（もっともそれだからといって、反対論が真実だというわけではない――）。すなわち「良い」という概念は、「有用である」「目的にふさわしい」という概念と同じ意味であり、「良い」と「悪い」という判断は、〈有用で、目的にふさわしい〉ものと、〈有害で、目的にふさわしくない〉ものについての人間の忘却されることがない経験、そして忘却することのできない経験をまとめて認可したものだというのである。この理論によると、良いものとは、昔から有用であることが証明されてきたもののことである。だから良いものとは、「最高度に価値の高いもの」であり、「それ自体で価値のあるもの」として認められているものである。すでに指摘したように、この説明方法も間違っているが、少なくともその説明そのものは、合理的であり、心理的にも根拠のあるものである。

四 良いと悪いという語の語源

——正しい道をわたしに指し示す道標の役割をはたしてくれたのは、「良い」（グート）という語が、さまざまな言語において、語源からみてどのような意味をもっていたかという問いだった。この問いに導かれて、この語はどの言語でも同一の概念の変化に由来するものであることが分かったのである。——どの言語でも、身分の高さを示す「高貴な」とか「気高い」という語が根本的な概念であり、そこから「精神的に高貴」で「気高い」という意味で、「精神的に高潔な」とか「精神的に特権をもつ」という意味で、「良い」という語が必然的に生まれてきたのである。これとつねに並行するように、別の系列が発展した。これは「卑俗な」「賤民的な」「下層の」という

「身分の低さを示す」語を、ついには「悪い」という概念に変えてしまうものである。この第二の発展のもっとも顕著な実例がドイツ語の「悪い」（シュレヒト）そのものにみられる。この語はそもそも「素朴な」（シュリヒト）と同語であった――その実例は、「率直に」（シュレヒトヴェーク）や「まさに」（シュレヒターディングス）という語にみられる――。これは当初は、普通の素朴な人を指す言葉だった。それは怪しげな目配せをしない人、すなわち貴族などとは対照的な人のことだったのである。

　ところが三十年戦争の頃に、この語は今使われているような意味をもつようになった。だから、かなり最近のことなのだ。――これは道徳の系譜学におけるきわめて重要な洞察の一つと思われるのである。この洞察がえられるのにこれほどの時間がかかったということは、近代世界においては民主主義的な偏見が、すべてのものの起源の考察を妨げる影響をもたらしているためなのだ。この偏見は、自然科学と生理学という、一見したところきわめて客観的な学問分野にもはいりこんでいるのだが、それについてはここでは指摘しておくにとどめる。

　この偏見がその手綱を解き放たれて憎悪にまでなると、とくに道徳と歴史の分野において、どれほどの惨禍をもたらすかということは、あの悪名高いバックルの実例が示している。[7] それはイギリス生まれの近代精神の賤民主義が、その生まれ故郷において、爆発したものにほかならない。泥を吐き出す火山の激しさと、これまですべての火山につきものだった塩辛く、甲高く、卑俗なおしゃべりの力によってである。——

五　戦士としての良き者

わたしたちの問題は、静かに語ることのできる性質のものであるのは当然であり、ごく少人数の人々の耳を選んで語られるものであるから、次のことを確認しておくことは、少なからず興味のあることであろう。すなわち「良い」ということを示す語群とその語根には、まださまざまな形で貴族的な人間が自分のことを高い位階の人間であると感じていたことをうかがわせる強いニュアンスが、ほのかに光り続けているのである。貴族的な人間はほとんどの場合、力において優位に立っていることに基づいて自分を名づけたか（その場合には、「権力者」「主人」「命令者」のように自称しただろう）、こうした優位をはっきりと示す〈しるし〉に基づいて、たとえば「富裕者」とか「有産者」と自分を名づけたのである（それがアーリアという語の意味である。[8] これに相当する語はイラン語にもスラヴ語にもある）。しかし典型的な特性に基づいて、自分を名づけた場合もあって、わたしたちが問題にしているのは、この意味である。貴族的な人々はたとえば「誠実な者」と自称した。そのごく初期の実例がギリシアの貴族であり、その代弁者がメガラの詩人のテオグニスである[9]。これを示すために作られた語はエストロスであり、その語根が意味しているのは存在している者、実在する者、現実である者、真実に存在する者である。それが主観的な意味をもつようになると、誠実で、真実に存在する者を意味するようになる。概念の変換のこの段階において、この語は貴族を意味する合い言葉になり、標語になった。そして完全に「貴族的な」という意味に変わっていくのである。この語は、嘘をつく平民と区別するためのものであり、テオグニスはまさにその意味でこの語をうけとり、この語で描きだしているのである。――そして最後には、貴族が没落した後に、精神的な高貴さを示す語として残ったのである。この語は成熟して甘くなったというわけである。

ギリシア語の悪い（カコス）や臆病な（デイロス）という言葉では（デイロスはアガトス［良き］とは反対の賤民性を示すものだ）、臆病で卑劣なという意味が強調されている。このことは、多義的な語であるアガトスという語の語源をどのような方向に求めるべきかについてのヒントを与えてくれるだろう。ラテン語のマルス（悪い）という語は（この語の隣に、ギリシア語のメラス［黒い、暗い］という語を並べておこう）、黒い肌をした平民、とくに黒い髪をした人間（「この男、腹黒し［ヒク・ニゲル・エスト］」）を示しているのかもしれない。これは、アーリア以前のイタリアの先住民を示すものだっただろう。この民は、主人となった金髪の種族、すなわちアーリア系の征服種族とは、［髪と肌の］色でもっとも明確に区別されたのだった。少なくともゲール語には、まさにそれと対応する語が存在することが確認できる[10]。――フィンという語（たとえば名前のフィン・ガル）は貴族を表すが、やがては善良な、高貴な、純粋なという意味をもつようになった。この語は最初は、肌が暗色で、髪の黒い現地の住民と区別される金髪の人を指したのである。

ついでながら、ケルト族はすべて金髪の種族だった。ドイツではかなり精密な人種マップが作成されているが、フィルヒョーは基本的に黒い髪の住民が居住する地帯を、ケルト由来のものと今も分類していて、ケルト族との混血によるものだと考えているが、それは正しくない[11]。この地帯では、アーリア以前のドイツの住民が優勢なのである（同じことは、ヨーロッパ全土についてもあてはまる。結局のところ現在のヨーロッパでは、肌の色でも、頭蓋の短小さにおいても、おそらく知的な本能と社会的な本能においても、基本的にかつて征服された民族が優勢になっているのである。現代の民主主義は、さらに現代的な無政府主義は、そして現在のヨーロッパのすべての社会主義者に共通してみられるあの「コミューン」志向、素朴な社会形態への好みは、かつて存在していたものを途方もない規模で鋳直したものでないと、誰が保証できようか？——そして征服した種族、主人である種族、アーリア種族が生理学的にも屈服していないことを、誰が保証できようか？……）。

ラテン語の善い（ボヌス）は「戦士」を意味するものと解釈できると、わたしは考えている。もちろんそれは、このボヌスという語が、もっと古い語である「二つ」（ドゥオヌス）に由来すると考えられる場合にかぎられる（戦争［ベルム］、戦い［ドゥエルム］、二者の戦い［ドゥエン・ルム］という語を比較されたい。ここにはドゥオヌスという語の本来の意味が保たれているようである）。だからボヌスとは、闘い［ツヴィスト］の人であり、分裂（ドゥオ）の人であり、戦士なのである。こうして古代のローマにおいて、男の良さが何であったかが明らかになろう［古代のローマでは良いというのは、勇敢であることを意味した］。ドイツ語の「良い」（グート）そのものも、「神のごとき人」を、「神の種族に属する」人間を意味したはずではないだろうか？　そしてこれ

［グート］はゴート族という民族の名前（本来は貴族の名前）と同じものではないだろうか？　しかしこの推測の根拠はここでは語らないことにしよう。――

六　司牧者階級における危険な転換

このように、政治的な優位を示す概念はつねに精神的な優位を示す概念に変わっていくのが通例なのだ。そのことは、最高の階級《カスト》が同時に司牧者の階級であり、そのために司牧者としての機能を想起させるような呼び名が、司牧者全体の名称として利用されているときにもつねに該当する（もっとも、例外となるようなきっかけはあるが）。たとえば「清い」と「不浄な」という概念は、最初は対立する身分を示すために使われていた。そこでもやがて「良い」と「悪い」という概念が、もはや身分を示すためではなく、もっと別の意味をもつようになるのである。

ところでこの「清い」と「不浄な」という概念を最初からあまりに重く、あまりに広義に、あまりに象徴的なものとして考えるべきではない。というのも古代人の言葉はわたしたちからみると、最初はどれも考えられないほどに粗野で、不器用で、外面的で、狭く、端的で、とくに非象徴的なものとして理解されていたからだ。「清い」人というのは、最初は身体を洗って清潔にしている人、皮膚の病気を引きおこすような特定の食べ物を食べないようにしている人、身分の低い階層の女性と同衾しない人、血を忌み嫌う人のことを意味していたにすぎない――それだけ、たんにそれだけだったのだ！

しかし他方でやがては、本質的に司牧者で構成される貴族階級の全体の性質からして、ごく早い時期からこのような対立した価値評価が危険なまでに内面化され、尖鋭化されるようになりえた理由が理解できるのである。実際のところ、この対立した価値評価によってこそ、人間をわけ隔てる深淵が穿《うが》たれたのである。この深淵を飛び越すには、自由精神のアキレウスですら、戦慄を覚えざるをえなかっただろう。

こうした司牧者で構成された貴族階級には、最初からどこか不健全なものがあった。この階級では、行動することを避け、半ば瞑想的で、半ば感情を劇発させるような習慣が支配的である。いつの時代の司牧者にも、内臓の疾患と神経衰弱がつきものであるが、これはこうした習慣から生まれたものなのだ。しかし彼らがこうした疾病の治療薬としてみつけてきたものは結局のところ、――その副作用からみても、それが治療しようとする病よりも、百倍も危険なものであったことが明らかになったと言わざるをえないのではないだろうか？　人類全体が、この司牧者的な治療法の愚かしさの副作用に、今なお苦しんでいるのだ！

たとえばある種の食餌療法（肉食を禁止すること）、断食、性的な禁欲、「荒野への」逃避のことを考えてほしい（これはウィア・ミッチェル式の隔離療法だ[12]。もちろんこれには隔離の後に行われるべき飽食療法と過食療法は伴わない。こうした食餌療法は禁欲的な理想主義に特有なすべてのヒステリーにきわめて有効な対症療法なのだが）。これに加えて、官能を敵視し、人間を怠惰で、繊細なものとする司牧者のすべての形而上学のことを、司牧者が利用する苦行者やバラモン風の自己催眠のことを――バラモンはブラフマンを「自己催眠に利用する道具である」ガラスのボタンや固定観念のように利用するのだ――、そして過激な療法である虚無による最終的かつ全般的な倦怠という道のことを（ここに進むのも理解できないことではない）、考えてほしいのだ（虚無とは実は神のことだ。――神との神秘的な合一を求めるのは、仏教において虚無を、涅槃《ニルヴァーナ》を求めることだ――それ以上のことではない！）。

司牧者のもとではすべてのものが危険になる。治療のための薬剤や療法が危険なだけではない。高慢さ、復讐への好み、明敏さ、放埒、愛、支配への欲望、徳、疾病もまた危険なのだ。——ただし公平さを期してつけ加えておくと、人間のこの本質的に危険な存在形式、すなわち司牧者としての人間を土台とすることで、初めて人間は興味深い動物となったのである。司牧者としての人間において初めて人間の魂が、より高い意味で深みのあるものとなったのであり、邪悪なものとなったのである——そして人間がこれまでほかの動物たちよりも優越してきたのは、この「深みと邪悪さという」二つの根本的な形式においてなのだ！……

七　ユダヤ人による価値転換

——司牧者的な価値評価の方法が、騎士的で貴族的な価値評価の方法といかにたやすく分離しえたか、そしてやがてこれと対立するまでに発展しえたかは、すぐに理解できるだろう。そのためのきっかけは実際、いつでもあったのだ。司牧者の階級と戦士の階級がたがいに嫉妬心を抱き、どちらに高い栄誉を与えるかで、意見が対立するようになる。騎士的で貴族的な価値評価の前提となっていたのは、力強い肉体と、花開くように豊かで、おのずからほとばしりでるような健康さであり、それを保つためのすべての条件である（たとえば戦争であり、冒険であり、狩猟であり、舞踏であり、闘技であり、そのうちに強さと、自由と、快活さを蔵したすべてのものである）。

これにたいして司牧者的で高貴な価値評価は――すでに指摘したように――、まったく異なる前提をそなえている。彼らにとっては戦争とは何とも忌まわしいものだったのだ！　周知のように司牧者は、敵としては最悪の者である――それはなぜなのか？　それは司牧者はまったく無力だからだ。司牧者は無力であるだけに、彼らの憎悪は法外なもの、不気味なものにまで強まり、きわめて精神的なもの、有毒なものにまで成長する。世界史における最大の憎悪者はつねに司牧者たちだった。もっとも狡智に長《た》けた憎悪者も司牧者たちだった。――司牧者の復讐の精神を前にすると、ほかのあらゆる精神はきわめて小さなものにすぎない。〔司牧者の〕無力から生まれた精神が存在しなければ、人間のすべての歴史はきわめて面白みのないものになったに違いない。――その最大の実例をごらんにいれよう。

この世において「高貴な者」「権力者」「支配者」「有力者」にたいして行われてきたあらゆることも、ユダヤ人がこうした者たちにたいして行ったことと比較すると、語るに足りないものにすぎないのである。ユダヤ人、あの司牧者的な種族は、敵対する者や征服する者たちに復讐する手段としては、こうした者たちが貴い価値があると考えているものを根本的に否定するしかなかったのである。［征服されて捕囚の運命を味わった］ユダヤ人は精神的な復讐という行為によって満足するしかなかったのである。これこそが司牧者的な民族、裏に隠れて司牧者的な復讐欲に燃えていた民族に、もっともふさわしいものだったのである。

ユダヤ人とは、貴族的な価値の方程式を（すなわち良い＝高貴な＝力強い＝美しい＝幸福な＝神に愛された）、凄《すさ》まじいまでの一貫性をもって転倒させようと試みた民族であり、底しれぬ憎悪の（無力な者の憎悪の）〈歯〉を立てて、その試みに固執した民族なのである。すなわちユダヤ人にとっては「惨めな者たちだけが善き者である。貧しき者、無力な者、卑しき者だけが善き者である。苦悩する者、とぼしき者、病める者、醜き者だけが敬虔なる者であり、神を信じる者である。浄福は彼らだけに与えられる——それとは反対に汝らよ、汝ら高貴な者、力をふるう者よ、汝らは永遠に悪しき者であり、残忍な者であり、欲望に駆られる者であり、飽きることを知らぬ者であり、神に背く者である。汝らは永久に救われぬ者、呪われた者、堕ちた者であろう！」というわけだ……。

このユダヤ人の価値転換の遺産をうけついだのが誰なのかは、よく知られていることだ……。あらゆる宣戦布告のうちでもっとも根本的なこの宣戦布告をしたユダヤ人たちは、比べようのないほどに恐ろしい宿命的な営みを始めたのであり、これについてはわたしが別の書物で指摘した命題を思いだしていただきたい（『善悪の彼岸』断章一九五）。――そこではユダヤ民族とともに、道徳における奴隷の叛乱が始まったと書いておいた。この奴隷の叛乱は、すでに二千年におよぶ歴史を閲《けみ》しているのであり、しかも現在でもわたしたちの目から見逃されているのである。それはこの叛乱が――勝利をおさめたからなのだ……。

八　イエスという〈道具〉

しかし君たちにはこのことが分からないのだろうか？　君たちには、過去二千年をかけて勝利を手にしてきたこの出来事を見る目がないのか？……しかしそれも驚くべきことではない。というのも、すべての長きにわたる出来事は、見分けるのが困難であり、見渡すのが難しいことだからだ。ところがこの出来事はまさにこうしたもの、ものなのだ。復讐と憎悪、ユダヤ人的な憎悪の〈原木〉――もっとも深く、もっとも崇高な憎悪、理想を作りだし、価値を転換する憎悪、地上に比べるもののないような憎悪――から同じく比べようのない［優れた］ものが生まれてきたのだ。それは一つの新しい愛であり、すべての種類の愛のうちでもっとも深く、もっとも崇高な愛である。――この愛は、どうしてほかの原木から生まれることができただろうか？……ただし誤解しないでほしい。この愛が復讐への激しい渇望を真の意味で否定するものとして、かのユダヤ的な憎悪の反対物として、成長してきたと考えてはならないのだ！ とんでもない、その逆こそが真実なのだ！ この愛は、［ユダヤ的な憎悪の〈原木〉から］その樹冠として、もっとも純粋な晴れやかさと陽光に満ちた天空に、ますます広く枝をはった勝ち誇った樹冠として伸びてきたのだ。この樹冠は、あの憎悪の根が、深さをそなえたすべての悪しきもののうちに、ますます根深く、ますます貪欲に降りてゆくのと同じ衝動の力で、いわば光と高みが支配する領域において、あの憎悪と同じ目標を、同じ勝利を、同じ獲物を、同じ誘惑を目指していたのである。

あのナザレのイエスは、愛の福音を体現する者として、貧しき者、病める者、罪を犯した者に、至福と勝利をもたらす「救済者」として現れたが——イエスこそはまさしく、もっとも不気味で、もっとも抵抗し難く誘惑する者ではなかったか、ユダヤ的な価値と理想の革新へと誘惑し、迂回路を通って導く者ではなかったか？　この救済者は、イスラエルに敵対し、イスラエルを解体する者のようにみえたのだが、実際にはイスラエルはまさにこの「救済者」という迂回路をたどって、その崇高な復讐欲の究極の目標を実現したのではなかったか？　イスラエルの抱いていた復讐の欲望は、遠く先を見通し、地下に潜り、ゆっくりと手を伸ばしてゆくような計算ずくのものであり、［イエスという犠牲は］その真に大いなる復讐政策の秘密の黒魔術の一つではなかったか。そのためにもイスラエルは、みずからの復讐の真の道具［であるイエス］を、全世界の面前で、まるで不倶戴天の敵であるかのように否定し、十字架に掛けなければならなかったのではないか？　そのことで、「全世界」、すなわちイスラエルのすべての敵が、不用心にもこの〈餌〉に食いつくようにしたのではなかったのか？

他方で、いかに巧緻な精神とても、これにもまして危険な餌を考えつくことができただろうか。誘惑し、陶酔させ、麻痺させ、堕落させる力の強さにおいて、「神聖な十字架」というシンボルに匹敵するようなものを考えだすことができただろうか。

「十字架についた神」という戦慄すべき逆説、人間を救済するために神がみずから十字架に掛かるというあの秘儀、何とも想像を絶した究極の、そして最大の残酷さを描きだすあの秘儀を考えだすことができただろうか?……少なくともイスラエルが「十字架という」〈このしるしの下に《スブ・ホク・シグノ》〉おいて、今日にいたるまでみずからの復讐とあらゆる価値転換をもって、他のすべての理想を他のすべての高貴な理想を打ち負かしてきたことだけはたしかである。——

九　教会の役割

——しかしなぜいまだにあなたは、高貴な理想のことなど、もちだすのですか！　事実にしたがおうではないですか。事実は、民衆が勝利したということです——それをあなたのように「奴隷たち」とか「賤民」とか「家畜の群れ」と呼ぼうと勝手ですが——これがユダヤ人によってなし遂げられたとしても、別に構わないではないですか！　かつて民衆がこれほど世界史的な使命をもったことはなかったのです。「主人たち」は片づけられ、平民の道徳が勝利を収めたのです。この勝利は血を毒するものだったと考えることもできるでしょう（人種をたがいに混血させたのですから）――そのことに反論はしません。しかし毒を与えたことがうまくいったことは否定できません。人類の「解放」は（すなわち「主人」からの解放ということですが）、きわめて順調に進んでいます。すべてがユダヤ化し、キリスト教化し、賤民化しているのは（どう呼ぼうと！）、目に見えるようにはっきりしています。この毒が人類の全身に回ってゆくのは、もう抑えることができないようです。そのテンポとペースは、これからはさらに緩慢で、緻密で、聞きとれないほどに慎重なものとなるでしょう――時間はあるのですから……。

その意味では「キリスト教の」教会には、現在でもまだ必須の使命というものがあるのではないでしょうか？　教会が存在する権利というものがあるのではないでしょうか？　そもそも教会なしでやってゆくことができるものでしょうか？　疑問ですね。ところで教会は、あの毒が回ってゆくプロセスを促進するというよりは、これを阻害し、遅らせているようにみえませんか？　そこで教会が役立っているのかもしれませんね……。たしかに教会には粗野なところや、泥くさいところがありますし、繊細な知性や、ほんらいの意味で近代的な趣味には合わないところがあります。もう少し洗練されてもよいのではないでしょうか?……教会は現在では人を誘惑するというよりは、人を遠ざけるものになっているのです……。もしも教会がなければ、わたしたちだって自由思想家などになったりするでしょうか? わたしたちが気にいらないのは、教会の毒ではなく、教会そのものです……。教会さえなければ、わたしたちは毒を愛するものです……

――わたしの話にたいして、ある「自由思想家」はこうしたエピローグをつけ加えたものだった。その話から分かるように、この男はそれなりにまともな人物だし、おまけに民主主義者でもある。それまで黙って話を聞いていたのだが、わたしが口を閉ざしたのをみて、黙っていられなくなったのだ。これについてはわたしにも、沈黙すべき多くのことがあるのだ。――

一〇 ルサンチマンの人間の特性

――道徳における奴隷の叛乱はまず、怨恨《ルサンチマン》の念そのものが創造する力をもつようになり、価値を生みだすことから始まる。このルサンチマンは、あるものに本当の意味で反応すること、すなわち行動によって反応することができないために、想像だけの復讐によって、その埋め合わせをするような人のルサンチマンである。すべての高貴な道徳は、勝ち誇るような肯定の言葉、然り《ヤー》で自己を肯定することから生まれるものである。ところが奴隷の道徳は最初から、「外にあるもの」を、「他なるもの」を、「自己ならざるもの」を、否定の言葉、否《ナイン》で否定する。この否定の言葉、否《ナイン》が彼らの創造的な行為なのだ。

価値を設定するまなざしをこのように向け変えることも——自己に向けるのではなく、外部に向けるというこの必然的な方向の転換——、かのルサンチマンの一部である。奴隷の道徳が生まれるためには、まず自分に対立した世界、外部の世界を必要とする。生理学的に表現すれば、行動するために外部から刺激をうける必要があるのだ。——彼らの行動は基本的に〈受動的な反応〉なのである。高貴な価値評価はその逆で、まず自発的に行動し、成長する。それが反対物を必要とするとすれば、それはさらに感謝の念のもとで、さらに喜ばしく、みずからに肯定の言葉、然り《ヤー》を語るためにほかならない。——「低い」「卑しい」「悪い」という否定的な概念は、その肯定的な概念、すみずみまで生と情熱に満たされた根本的な概念、すなわち「われら高貴な者、われら良き者、われら美しき者、われら幸福なる者！」という概念と比較すると、後からつけ足された色あせた対照概念にすぎない。

この高貴な価値評価も、判断を誤って現実を正しく評価できないことはあるが、それはこの価値評価では十分に理解できていない領域において、実際に知識をもつことには慎みの気持ちから警戒を抱くような領域において、起こることにすぎない。この価値評価は、それが軽蔑する平民や卑俗な大衆の領域については、場合によっては理解し損ねることもあるのである。ところでここで考えてほしいのは、この価値評価がこうした領域を軽蔑し、見下し、上から眺めるような情動をそなえているために、軽蔑した相手の像が歪められたものになるとしても、それは無力な者の内に籠ったような憎悪と復讐の念が敵を——もちろんその像を——歪めるほど、著しいものではないということである。実際のところ［高貴な価値評価による］この軽蔑には、あまりに多くの無頓着さが、あまりに多くの軽々しさが、あまりに多くの無視と性急さが、そしてあまりに多くの自己満足すら混じっているので、相手をほんらいの意味で戯画化したり、案山子《かかし》のようなものに変えたりすることはできないのである。

たとえばギリシアの貴族たちが、下賤な人々との違いを際立たせるために使ったすべての言葉には、相手にたいするほとんど好意に近いニュアンスが混じっているのを、聞き漏らさないでいただきたい。そこにはつねにある種の同情や、配慮や、おもいやりのようなものが混じっていて、言葉に〈甘さ〉を加えているのであり、そのために平民を示すために語られるほとんどすべての言葉が、「不幸な」とか「同情に値する」のような表現として残るようになったのである（哀れな《ディロス》とか、惨めな《ディライオス》とか、苦労の多い《ポネーロス》とか、哀れむべき《モクテーロス》のような言葉を考えていただきたい。最後の二つの語は、労働「ポノス」する奴隷としての平民と、荷物を運ぶような辛い仕事をする「モクテオー」獣としての平民を示すために使われたのである）。——そして他方では「悪い」「低い」「不幸な」などの言葉が、ギリシア人の耳には、「不幸な」という意味が支配的な響きの一つの言葉としてしか聞こえなかったのだということも、聞き漏らさないでいただきたいのだ。それというのも、軽蔑のうちでも自己を否定することのない、古くからの高貴で貴族的な価値評価の方法をうけついでいるからである（——文献学者には、惨めな《オイジュロス》、不幸な《アノルボス》、労苦多き《トレーモーン》、不運な《デュステュケイン》、悪しき巡り合わせ《シュンフォラ》という言葉がどのように使われたのかを、思いだしてほしいのだ）。

「生まれの良い者たち」は、みずからのことを「運の良い者」と感じていた。こうした人々は敵を眺めたあとで、初めて自分の幸福を人為的に作りだすような必要はなかったし、状況におうじて自分は幸福なのだと言い聞かせたり、自分に嘘をついてだましたりする必要はなかったのである（ルサンチマンの人々はこうしたことをするのである）。そして彼らは、もともとは力に満ちあふれた人々であり、それゆえ必然的に能動的な人間だったから、幸福と行動を区別する必要もなかったのである。――彼らが行動することを、幸福であることの一つとみなしたのは必然的なことだった（ここから、うまくゆくという意味を含む〈よく行動する《エウ・プラッテイン》〉という語が生まれたのだ）。――これらのすべては、無力な者、抑圧された者、毒を含み、敵意をもった感情で化膿している者たちにおける「幸福」とは正反対である。こうした者たちにおける幸福は、麻酔、失神、休息、平和、「安息日」、感情の弛緩、四肢を伸ばすことなどのように、受動的なものとして訪れるのである。

高貴な人間は、自己への信頼と率直さをもって生きるが（〈高貴な生まれ《ゲナイオス》〉という言葉には、「率直な」というニュアンスと、おそらく「素朴な」というニュアンスが含まれる）、ルサンチマンの人間は率直でも素朴でもなく、みずからに正直ではなく、ざっくばらんでもない。この人間の魂はもの欲しげなのである。この人間の精神は、隠れ家を、間道を、裏口を好むのだ。彼にはすべての隠れたものが自分の世界であり、自分の安全な場所であり、自分の慰めとなるものとして好ましく思われるのである。この人間は黙っていること、忘れないこと、待つこと、ひとまず自分を卑下し、謙遜することを弁えている。

このようなルサンチマンの人間の種族は、必ずや高貴な種族よりも怜悧であろう。この種族は怜悧さを、まったく別の基準によって、すなわち何よりも重要な生存のための条件として尊重するだろう。これにたいして高貴な人間の怜悧さにはおそらく豪奢とか洗練といった趣が混じっているのである。——高貴な人間にとって怜悧であることはそれほど重要なことではない。それよりも重要なのは、無意識のうちに作動する本能の機能が完全で、確実であることである。むしろある種の怜悧さは欠如していて、危険にも敵にも勇敢に突進していくほうが望ましいのだ。あるいは激怒、愛情、畏敬、感謝、復讐などがめくるめくように突発することのほうが、望ましいのだ（これらはいかなる時代においても、高貴な魂がたがいを認めあう瞬間である）。

高貴な人間にルサンチマンが現れるとしても、それはただちに反応する行動のうちに解消されてしまうために、毒となることがないのである。それに弱い者たちや無力な者たちにつねにルサンチマンが発生せざるをえないような無数の場合にも、高貴な人間たちにはルサンチマンがまったく現れないのである。高貴な人間は自分の敵や自分の災難、自分の非行についてすら、長いあいだ本気にうけとめていることができない。──それは、可塑的で、あとから自然に補い、治療し、忘却させる力に満ちあふれている充実した強い天性の〈しるし〉なのである(近代の模範的な実例がミラボーだ(13)。彼は他人から侮辱されても、卑劣な行為を加えられても、まったく記憶していなかった。彼は他人を許すということができなかったが、それはそもそも他人がしたことを──忘れてしまっていたからにすぎない)。

ほかの人間だったら身体のうちに潜りこんでしまったような多数の蛆虫を、こうした人物は身体をひと揺すりするだけで振り落としてしまう。このような人間においてのみ、──本当の意味で「自分の敵を愛する」ということが可能なのだ(それがこの地上でありうるとしてのことだが)。高貴な人間はその敵にすら、どれほどの畏敬を抱いていることだろう! ──そしてこうした畏敬の念は、すでに愛への懸け橋なのである……。こうした人間は自分の敵を求めるが、それはみずからを際立たせるためである。彼には、軽蔑すべきところのまったくない敵、尊敬すべきところが非常に多い敵でなければ、耐えられないのだ！

これと比較して、ルサンチマンの人間が考える「敵」がどのようなものか、想像してみていただきたい――これこそがルサンチマンの人間の行為であり、創造物である。「悪しき敵」を考えだし、「悪人」というものを考えだしたのは、まさにこのルサンチマンの人間なのである。しかもそれを基礎概念として、その模像として、対照的な像として「善人」なるものを考えだしたのである――この善人こそ、自分だというわけだ！……

二　高貴な種族と凡庸な種族

だからルサンチマンの人間では、高貴な人間の場合とは事情がまったく反対になる。高貴な人間は「良い」という根本概念をまず自発的に、すなわちみずから考えだし、そこから初めて「悪い」というイメージを作りだしたのだ！　この高貴な起源をもつ「悪い《シュレヒト》」と、飽くことなき憎悪の〈醸造釜〉から生まれてきた「悪しき《ベーゼ》」という概念を比較してみていただきたい――「悪い」は「「良い」の」後から作られたものであり、付随的なものであり、補足的な色彩のものであるが、「悪しき」は根源であり、端緒であり、奴隷の道徳が作りだした本来の行為である——この二つの概念、みかけだけは同じ「よい《グート》」という概念に対比された「悪い」と「悪しき」という二つの言葉は、何と違ったものだろうか！

　しかしこの「よい《グート》」という概念そのものは、［みかけは同じでも実は］同じものではないのである。むしろルサンチマンの道徳の意味では、そもそも誰が「悪しき」者だったのかを尋ねてみるべきだろう。きわめて厳密に答えるならば、それは高貴な道徳において「良き人」だったその人なのである。高貴な者、力強い者、支配者が、ルサンチマンの毒を含む眼によって、その色を変えられ、解釈し直され、見直されて、「悪しき」者とされたのだった。ここでわたしたちは少なくとも次のことだけは否定すまい。あの「良き人」を敵として認めた人も、それを悪しき敵としてしか認めなかったということである。そして習俗、尊敬、慣習、感謝によって厳しく抑制されているこの同じ「良き」人々、さらにたがいの監視と、対等な者のあいだでの嫉妬によって、いっそう厳しく抑制されている人々が、たがいのふるまいにおいては、配慮と自己の制御と親切な感情と忠実さと矜持と友情の細やかな人々が、いったん——外部に向かっては、すなわち自分とは異質なものが存在するところ、異邦に足を踏みだすと、綱を解き放たれた猛獣と同じようなふるまいを示すのである。彼らはこうした異邦においては、社会的な強制から解放されて自由を享受するのだ。社会の平和という〈檻〉の中に長いあいだ閉じ込められ、囲われていたあいだに生まれていた緊張を、この荒野で気軽に解き放つのである。彼らは猛獣のもつ意識に立ち戻り、怪獣のように小躍りする。彼らはおそらく殺人、放火、凌辱《りょうじょく》、拷問のような戦慄すべき行為をつづけても、まるで大学生風の騒動をやらかしたにすぎないかのように、意気揚々と平然として戻ってくるのである。そしてこうした騒動のおかげで、詩人たちが歌い、称える材料ができたと信じているのである。

高貴な種族の根底には、猛獣が潜んでいる。この猛獣が獲物と勝利をねらって徘徊している派手やかな金髪の野獣であることは、見逃すことはできない。この〈隠れた根底〉にとっては、ときに息抜きが必要なのだ。野獣は外に出なければならないし、ふたたび原野に戻らなければならないのだ。——ローマの、アラブの、ゲルマンの、日本の貴族、ホメロスの英雄、スカンジナヴィアのヴァイキング——彼らはすべてこの同じ欲望に衝き動かされていたのだ。高貴な種族は、その足跡の残るすべての地方に、「野蛮な」という概念を残したのである。彼らの最高の文化に、これについての意識とみずからへの誇りが漂うのだ（たとえばペリクレスはあの有名な弔辞演説において、アテナイの人々に次のように語っている。「われらは己の果敢さによって、すべての海、すべての陸に道をうち開き、地上のすみずみにいたるまで良きことも悪しきことも永久にとどめる記念の塚を残している」と[14]）。

この高貴な種族の「果敢さ」は、羽目をはずした不条理なものであり、きわめて唐突に現れ、予測し難いものであり、その企《たくら》みにおいてもほとんどありえないほどのものである――ペリクレスはアテナイ人の無鉄砲さ《ラテュミア》を口を極めて称賛している――。彼らは安全、肉体、生命、安楽にはまったく無関心で、軽蔑の念すら示している。あらゆる破壊の快楽の驚くべき深さと明朗さ、勝利と残忍さにおけるあらゆる悦楽――これらのすべてがその被害をこうむった人々によって、「蛮人」とか「悪しき敵」のイメージに、ときには「ゴート人」や「ヴァンダル人」のイメージにまとめあげられたのである。

ドイツ人が権力を握るようになると、氷のように冷たく深い不信の念が掻き立てられるが（それは現在でもあてはまる）――これは数世紀にわたってヨーロッパが、ゲルマンの金髪の野獣が猛威を振るうありさまを目撃してきた癒しがたい驚愕の名残なのである(古代のゲルマン人と、現在のドイツ人のあいだには、概念的な近縁性はないし、ましてや血のつながりはないのだが)。

わたしはかつて、ヘシオドスが文化の時代の順序を構想して、それを金の時代、銀の時代、青銅の時代と表現しようと試みた際に直面した当惑について、指摘したことがある。(15) ホメロスの世界は華やかな世界であると同時に、忌まわしく暴力的な世界であるという矛盾があり、ヘシオドスがこの矛盾を処理するには、一つの時代を二つに分けて、順番に並べるしか手がなかったのである——一つはトロイアとテーバイの英雄と半神の時代であり、その末裔である高貴な生まれの者たちの記憶にまだ残っていた時代、その祖先が活躍していた世界である。もう一つは青銅の時代であり、それは同じこの世界が、虐げられた者たち、略奪された者たち、虐待された者たち、拉致された、売り飛ばされた者たちの子孫の眼に映った時代である。青銅の時代という名前のとおりに、過酷で、冷たく、残忍で、感情も良心も欠けていて、すべてを押しつぶして血まみれにする時代である。

現在において「真理」と信じられていること、すなわちすべての文化の意味は「人間」という猛獣を従順に開化された動物に、すなわち家畜にまで飼いならすことにあるということが真実であるとすれば、反動とルサンチマンの本能こそが、文化の真の道具であるとみなす必要があるのは、疑問の余地のないことである。この道具によって、高貴な種族はその理想とともに、ついに毀損され、克服されたのである。しかしだからといってこの文化の道具を担っている者たちが、同時に文化そのものであると言うべきではないだろう。

むしろその反対が真実らしいというだけではないだろう――否！　現在ではそれは眼前の事実なのだ！　すべてのものを抑圧し、復讐の念に燃えている本能の持ち主たち、ヨーロッパの奴隷階級とヨーロッパ以外の地の奴隷階級の子孫たち、とくにすべてのアーリア以前の住民の子孫たち――彼らは人類の退歩を示す者たちなのだ！　この「文化の道具」は、人類の恥辱であり、「文化」そのものに疑問を抱かせ、文化に反論するものなのだ！　人々がすべての高貴な種族の根底に潜む金髪の野獣への恐怖を拭い去ることができず、警戒を怠らないのは、まことに根拠のあることかもしれない。しかしこれを恐れないですむ代わりに、出来損ないの者たち、卑小になった者たち、萎縮した者たち、毒された者たちを眺めるときの吐き気を催すような気分から逃れられなくなることを考えるならば、まだしもこの金髪の野獣に驚嘆しながら、それを恐れつづけているほうが、何百倍もましなのではあるまいか？　それはわたしたちの宿命というものではあるまいか？　わたしたちが今日、「人間」というものに嫌悪を感じているのはどうしてなのだろうか？——というのは、わたしたちは人間というものに悩まされている、そのことは疑問の余地のないことだからだ。

——それは恐怖ではない。むしろわたしたちは現在では、人間をもはや恐れる必要がなくなっているのである。「人間」という蛆虫が前面に登場して、うごめいているのだ。「従順な人間」というもの、この癒しようのない凡庸で生気のない存在が、すでにみずから目標となり、目指すべき頂点となり、歴史の意味となり、みずからを「より高き人間」と感じることができるようになったのである。——彼らがそのように感じるということには、ある程度の根拠があるのはたしかだ。今日ではヨーロッパは出来損ないの者、病的な者、疲れ切った者、死に損なった者たちの臭気でむせかえり始めているのであり、こうした凡庸な者たちも、これらの輩とは距離をとっていて、自分のことをそれほどまでに出来の悪い者ではないし、少なくともまだ生活力があるし、少なくともまだ人生に然り《ヤー》という肯定の言葉を語ることができると考えているのだから……。

一二　人間に倦むこと

——わたしはここでつい、一つ溜め息をつきながら、最後の期待にすがりたくなるのである。わたしがどうにも耐えがたいと感じているものは何だろうか？　わたしだけが始末に負えないと感じているもの、わたしの息を詰まらせるもの、やつれ果てさせているもの、それは何だろうか？　それは汚れた空気なのだ！　汚い空気なのだ！　出来損ないの者が身近に迫ってくること、出来損ないの魂のはらわたの臭気を嗅がなければならないことなのだ！　……それ以外であれば、窮乏であれ、欠乏であれ、悪天候であれ、病身であれ、疲労であれ、孤独であれ、何だって耐えられないものはないではないか？　地下で生まれて、闘争の生を過ごすように定められた存在として、ほかのものであれば原則としてどんなものでも耐えられるのだ。何度でも光の下に戻ってきて、何度でも勝利の黄金の瞬間を味わうことができるだろう——そして光の下で、困窮した事態にあってますます強く引き絞られる弓のように、生まれつきの性分のままに、破壊されることがなく、引き絞られて、新奇なもの、さらに困難なもの、さらに遥かなものに立ち向かうことだろう。――しかしときにはわたしにも――善悪の彼岸に、恵み深い天の女神がいますならば――、一瞥を許したまえ。完全なもの、最後まで仕上がったもの、幸福なもの、力強いもの、凱歌をあげるもの、これらのまだ何か恐れるに足るものをそなえているものを一瞥することを許したまえ！　かの人間なるものを弁明する一人の人間に「このわたしに」、欠けているものを補い、人間を救済してくれる幸福を一瞥することを許したまえ、その幸福を一瞥することで、人間というものへの信仰を保つことができるように！……

　というのも、ヨーロッパの人間が卑小で平均的な存在となったことは、それに一瞥をあたえる者を倦《う》ませるものであるため、わたしたちにとっては大きな危険を宿しているのである……。わたしたちはいまや、より偉大になろうと意志している者を、まったく眼にすることがない。わたしたちは、事態がますます悪化し、稀薄なものに、温厚なものに、小利口なものに、ぬくぬくとしたものに、中庸なものに、無頓着なものに、中国的な「無為な」ものに、キリスト教的なものに向かって悪化していくことを予感するのである。――人間がますます「善き」ものとなるのは疑問の余地がない……。これこそがヨーロッパの宿命なのだ――わたしたちは人間を恐れることを忘れるとともに、人間を愛することも、人間を尊敬することも、人間に期待をかけることも、人間たることを意志することもなくなってしまったのである。人間を一瞥すると、ひたすら倦むばかりである――今日のニヒリズムとは、それ以外のどんなものだろうか？……。わたしたちは人間というものに倦んでいるのだ……。

一三　弱き者の自己欺瞞

――しかしほんらいのテーマに戻ろう。「よい」のもう一つの起源の問題、ルサンチマンの人間が考えだした善の問題が解決を待っているのだ。――小羊が大きな猛禽《もうきん》に憤慨するのは、不思議なことではない。しかし小羊たちが猛禽にたいして、小さな羊をさらうことに文句をつける理由はないのだ。そして小羊たちが「この猛禽は悪い。そして猛禽とかけ離れた者、猛禽の反対である者、すなわち小羊が、――善い存在なのではあるまいか」と仲間うちで語っていたとしても、このような理想のたてかたに非難すべきところはない。ただし猛禽たちはこれをあざ笑うように眺めて、おそらく

「われらは小羊たちに憤慨するところはまったくない。あのよき小羊たちを、愛しているほどだ。やわらかな小羊ほどおいしいものはないのだ」と言っていることだろう。

——強さにたいして、それが強さとして現れないことを求めること、強さが他者を圧倒する意欲として、他者を打ち負かす意欲として、主人になろうとする意欲として現れないことを、敵と抵抗と勝利を望む渇望ではないことを求めるのは矛盾したことだ。弱さにたいして、それが強さとして現れることを求めるのと同じような矛盾なのだ。

ある量の力とは、ある量の欲動、意欲、作用である——むしろ力とはこの欲動、意欲、作用そのものなのである。そう見えないことがありうるとすれば、それはすべての作用が、作用する者によって、すなわち「主体」によって生まれると考えさせ、誤解させる言葉の誘惑のためにすぎない（そしてその言葉のうちに化石のように固まった理性の根本的な誤謬のためにすぎない）。たとえば民衆が雷をその雷光から分離して、雷光は雷という主体の行為であり、主体の作用であると考えるのと同じように、民衆の道徳もまた強さ〈そのもの〉と強さの〈現れ〉を分離して考える。あたかも強い者の背後にはもっと別の無頓着な〈基質〉のようなものが控えていて、それが強さを現すのも現さないのも、自由に決めることができると考えるようなものである。しかしこうした基質などは存在しないのだ。行為、作用、生成の背後には、いかなる「存在」もない。「行為者」とは行為の背後に想像でつけ足したものにすぎない──行為がすべてなのである。

民衆は雷が光るというとき、行為を二重にしているのである。それは作用が作用すると言うようなものなのだ。〔雷光という〕同じ一つの現象をまずその原因とみなして、次にはその作用とみなしているのである。自然科学者は「力が動かす、力が原因である」などと語るとき、同じようなことをしているのである。──わたしたちの科学もすべて、冷静で、情動に左右されることはないと称しながらも、言葉の誘惑に負けているのであり、騙《だま》されて「主体」という〈取り替え子〉を押しつけられ、これを追い払うことができないでいるのである（原子というものは、こうした〈取り替え子〉の一例である。カントの「物自体」とやらもそうである）。だから内に籠って密かな微光を発している復讐や憎悪などの情動が、この「主体」という信仰を自分のために利用していること、そしてとくに強い者は自由に弱い者になれるし、猛禽は小羊になれるという信仰を熱心に維持しているのも、不思議なことではないのである。──〔小羊は〕

これによって猛禽に、猛禽であることの罪を着せる権利を手にすることができるからである……。

抑圧された者、踏みつけにされた者、暴力を加えられた者は、無力な者の復讐のための狡智から、次のように自分に言い聞かせて、みずからを慰めるものだ。「われわれは悪人とは違う者に、すなわち善人になろう！　善人とは、暴力を加えない者であり、誰も傷つけない者であり、他人を攻撃しない者であり、報復しない者であり、復讐は神に委ねる者であり、われわれのように隠れている者であり、すべての悪を避け、人生にそれほど多くを求めない者である。われわれのように辛抱強い者、謙虚な者、公正な者のことである」。――しかしこの言葉を先入見なしに冷静に聞いてみれば、そもそも次のように言っているにすぎない。「われわれのように弱い者は、どうしても弱いのだ。われわれは、それを為すだけの強さをもたないことは何もしないほうがよいのだ」。この口に苦い事実は、もっとも低い次元の狡智にすぎず、昆虫ですらもっているようなものにすぎない（昆虫は、大きな危険に直面すると、「やりすぎない」ようにと、死んだふりをするのだ）。これは無力なもののもつ贋金作りの技と自己欺瞞の力で、諦めのうちに静かに待っていることを、美徳として飾り立てることなのである。あたかも弱い者の弱さそのものが——言い換えれば、弱い者の本質であり、その働きであり、取り除くことのできない唯一の不可避的で全体的な現実である弱さそのものが——、自由意志に基づく一つの業《わざ》であり、みずから望み、選択したもの、一つの行為であり、一つの功績であるかのようにである。

この種の人間は、無頓着な選択の自由をもつ「主体」というものを信じることを必要としているのだが、それは自己保存の本能が、自己肯定の本能が働くからである。こうした本能では、どんな嘘でも神聖なものとされるのだ。主体が（あるいは通俗的な言葉では魂が）これまで地上で最善の教義だったが、それはこの教義によって死すべき人間たちの大多数、あらゆる種類の弱き者たちと抑圧された者たちが、弱さそのものを〈自由〉として解釈し、あるがままの現実を功績として解釈する、崇高な自己欺瞞に満足できるようになったからにほかならない。

一四　理想の製造工場の魔術

——地上でどのようにして理想というものが作りだされるかという秘密を少しばか

り覗《のぞ》きこんでみたいという人はいないだろうか？　誰か、そんな勇気のある人はいないだろうか？……いいだろう！　ここからなら、このうす暗い工場の中をはっきりと覗くことができる。物好きで向こう見ずな諸君、しばらく待ちたまえ。この怪しげでちらちらと点滅するような光にまず眼を慣らすことが大切だ……。よし、十分だろう！　さあ、何が見えたか、話してもらおうか！　下では何が起きているかね？　見たとおりに語りたまえ、もっとも危険な好奇心をもつ人よ――今度はわたしが耳を傾ける番だ。

――何も見えないので、耳だけは鋭くなる。隅々で用心深く、企みに満ちた、密かなつぶやきとささやき声が聞こえる。どうも嘘をついているようだ。どの声にも、柔らかく包むような甘ったるさがこびりついている。弱さをごまかして功績にしようとしているに違いない。それはたしかなことだ――あなたが言われたとおりだ――

――もっとつづけて！

――報復することのない無力さを「善意」に仕立て、不安に満ちた下劣さを「謙遜」に、憎む相手に屈従することを「従順さ」に仕立てているようだ（彼らの台詞《せりふ》では、この屈従を命じる者――彼らはそれを神と呼ぶ――に服従することが従順さである）。

弱い者たちが攻撃をしかけないこと、弱い者たちのありあまるほどの臆病さ、彼らが戸口のところに立ちすくんでいること、そこで待たざるをえないこと、これを「忍耐」という美名で呼んでいる。これが徳そのものと呼ばれることもある。「みずから復讐することができない」ことは、「みずから復讐することを望まない」と言い換えられ、ときには「赦し」と呼ばれることもある（「彼らはそのなすことを知らざればなり[16]——彼らがなすことを知るはわれらのみなり」——）。「みずからの敵を愛すること」についても語られている[17]——そして冷や汗をかいている。

——もっとつづけて！

——彼らが惨めであるのは、疑問の余地がない。片隅でひそひそと何かを企んでいるこの贋金造りたちは、身をよせあってうずくまって暖をとる始末だ——そのくせ彼らがわたしに言うには、彼らの惨めさは神から選ばれた者であるという〈しるし〉なのだ、人はもっとも愛している犬を叩くというではないか、おそらくこの惨めさは、一つの準備、試練、鍛練なのだ、いや、もしかしたらそれ以上のものかもしれない——いつか償われるべきもの、巨額の金貨を利息としてつけて、否！ 幸福をつけて返済されるものかもしれないのだ。これを彼らは「浄福」と呼ぶのだ。

——もっとつづけて！

——それから彼らはわたしに、自分たちが、力の強き者たち、地上の覇者よりもじつは優れた存在であることを仄めかす（たしかに彼らはこうした者たちにおべっかを使わなければならないのだが、それは恐怖からそうしているのではない、決して恐怖のためではない！　神が目上のものはすべて敬えと命じているからである[18]）——彼らはこうした者たちよりもたんに優れているだけではなく「より幸福」でもある、いずれにしてもより幸福になるはずである、と。しかしもうたくさんだ！　たくさんだ！　もうつづけられない。この汚れた空気！　汚れた空気！　この工場、人々が理想を製造する工場は、——まったくの嘘が芬々と臭うようだ。

——だめだ！　もう少し待ちたまえ！　あなたはまだ、真っ黒なものから純白と牛乳と無垢なるものを作りだす魔術師の傑作について、何も語っていないではないか。——彼らの技が洗練をきわめていることに、その大胆で、精緻で、機知に富む、嘘まみれの芸当に気づかなかったのか？　よく注意して見るがよい！　復讐と憎悪に満ちたこの地下室の獣たちは——彼らは復讐と憎悪から何を作りだしているだろうか。あなたは彼らの語る言葉を、かつて耳にしたことがあるだろうか。彼らの言葉だけを信用していたならば、あなたはじつはルサンチマンの人間に囲まれていることに気づいただろうか？……

——そういうことなら、もう一度だけ耳を傾けてみることにしよう（「ああ！　ひどい！」と鼻をつまむ）。彼らがたしかにつねに語っていたこと、「われわれは善人である——われわれこそが正しき者なのだ」という言葉が、やっと聞こえるようになった——彼らが熱望するもののことを、彼らは報復とは呼ばずに「正義の勝利」と呼ぶ。彼らが憎むもの、それは彼らの敵ではない。否！　彼らが憎むもの、それは「不正」であり、「背神」である。彼らが信じ、望むもの、それは復讐への希望ではないし、甘き復讐への陶酔でもない（——かつてホメロスは「蜜よりも甘き」と語ったものだった[19]）。それは「神の勝利」である。「神を否定する者たちへの正義の神の勝利」である。この地上に彼らが愛するべく残されているもの、それは憎悪における兄弟ではなく、「愛における兄弟」であり、彼らはそれを地上におけるすべての善人であり正しき者と呼ぶのだ。

——それでは彼らは、生のあらゆる苦悩を慰めてくれるもののことを——先取りされた浄福の幻想を何と呼んでいるだろうか？

——おや、聞き間違いかな？ 彼らはそれを「最後の審判」と呼んでいる。彼らの王国が到来すること、「神の国」が到来することだと言うのだ——ただ当面のところは彼らは「信仰のうちに」「愛のうちに」「希望のうちに」生きているのだと。

——もうたくさんだ！ たくさんだ！

一五 天国と地獄

何を信じるのだって？ 何を愛するのだって？ 何を望むのだって？——これらの弱き者たち——彼らもいつか、強い者になることを望んでいるのだ。いつか彼らの「王国」なるものが訪れることには、疑問の余地はない——その「王国」を彼らがたんに「神の国」と呼んでいることは、すでに指摘した。彼らは何ごとにつけても、これほどにまで謙虚なのだ！ この神の国を経験するためには、長生きしなければならない、死んだ後にも生きつづけなければならない。そうなのだ、「信仰のうちに、愛のうちに、希望のうちに」生きるこの世での生を、永遠に「神の国」で償ってもらうためには、永遠の生が必要なのだ。しかし何を償ってもらうのだろうか？ どうやって償ってもらうのだろうか？……

ダンテは彼の描いた地獄の門に、ある種の戦慄すべき率直さをもって「わが身「地獄」を作ったのも永遠の愛である」[20]という銘文を記したが、これはわたしにはひどい間違いだったように思える。――いずれにしてもキリスト教の天国とその「永遠の浄福」の門にこそ、「わが身「天国」を作ったのも永遠の憎悪である」という銘文を掲げたほうが、はるかに適切だったろう。――虚偽にいたる門に真理を掲げることが許されるならばであるが！　というのも、天国の浄福というのは、そもそもどのようなものだろうか？……わたしたちはおそらくすでに言い当てることができるのだが、こうした事柄について過小評価すべきではない権威者であり、偉大な教師であり、聖人であるトマス・アクィナスの力強い言葉を借りてくるべきだろう。彼は小羊のように穏やかに語る。[21]「天の王国にいる浄福なる者たちは、罪人たちが罰せられるのを見るだろう。それによってますます自分たちの浄福を喜ぶだろう」。あるいは勝ち誇った教父「テルトゥリアヌス」の口から、もっと強い調子で語られる言葉を聞きたいと思われるだろうか。この教父は、自分の信徒たちに、公開の見世物の残酷な喜びに耽《ふけ》ることを禁じたのだが、――それはどのような理由によるものだったろうか？　彼は

『見世物について』の二九章以下で次のように語っている。「信仰はわれらに、はるかに多くのものを、はるかに強いものを与えてくれる。救済によってわたしたちにはまったく別の種類の喜びが与えられている。闘技士の代わりにわたしたちには殉教者がいる。血がほしいのなら、わたしたちにはキリストの血がある。……そしてキリストの再来の日、キリストの勝利の日に、わたしたちを待ち構えているのは何だろうか！」。この喜悦のもとにこの幻視家は次のようにつづけるのだ。「ここには別の種類の見世物がある。これは最後の審判、永遠の審判である。異教の民はこの日の訪れを待つこともなく、これを嘲笑するが、古き時代とその生みだしたもののすべてが、火の一撃で燃え尽くされるのだ。何たる壮大な光景であろうか！　何を褒めたたえるべきか！　何を笑うべきか！　どのように喜ぶべきか！　どのように踊るべきか！　天国に迎えられたとされる多くの大いなる王たちが、その神ユピテルとともに、そして彼らをその眼で目撃したという多くの人々とともに、暗い下界で呻き苦しんでいるのを眺めるときに！　キリスト教徒たちを焼いた凌辱の火によって、主の名を汚《けが》した総督たちが（地方の知事たちのことだ）、その火よりもはるかに強い炎のうちに、溶けてゆくのを眺めるときに！　さらに弟子たちの前で、神にかかわるものなど何も存在せず、霊魂というものは存在せず、霊魂が肉体に戻る［復活する］ということもないと断言していたあの賢き哲学者たちが、その弟子たちとともに焼かれながら、みずからの愚かさを恥じているのを眺めるときに！　そしてかの詩人たちが、ラダマンテュスやミノスの裁きの前にではなく、思いがけずもキリストの裁きの前で震えているのを眺めるときに！　そのとき、みずからを襲った災厄を嘆く悲劇役者たちの台詞が、はっきりと聞こえることだろう（ここはむしろ声をはりあげて、痛ましく絶叫すると言うべきだろう）。そのとき役者たちが、炎によってはげしく溶けてゆくのを見るだろう。そのとき炎に燃え盛る戦車の上で、御者が全身を赤く染めているのを見るだろう。そのとき闘技士たちが、闘技場においてではなく、炎の中で投擲《とうてき》の技を競っているのを見るだろう。もちろんわたしはこれを眺めていることを望むものではない。むしろわたしとしては、［闘技士たちなどではなく］主を辱めた者たちにこそ、飽きることなき目を向けたいのだ。（以下のすべての言葉は、とくにタルムードに記録されたイエスの母の周知の呼び名から判断して、テルトゥリアヌスはユダヤ人たちに［イエスの悪口を］語らせているのである）、『これこそ、わたしに言わせれば、大工や娼婦の息子であり安息日の掟を破る者であり、サマリア人であり、悪魔に憑《つ》かれた者である。これこそ汝らがユダから買い取った者[22]、これこそ葦の棒や拳で打たれた者[23]、唾を吐きかけられて卑しめられた者[24]、苦い汁や酸い汁を飲まされた者である[25]。これこそは、復活したと言われるために弟子たちによって密かに［死体を］盗みだされた者[26]、あるいは集まってくる多くの人々にそこに植えたレタスが踏まれないようにと、園丁によって運び去られた者である』。大法官であれ執政官であれ、検察官であれ司祭であれ、いかに寛大であろうとも、これほどの見世物を見せ、これほどに歓喜をもたらすことのできる者など、いるだろうか？　しかしわたしたちは信仰によって、この光景をすでに精神に思い描くことができるのである。しかし『目が見もせず、耳が聞きもせず、人の心に思い浮かびもしなかったこと』（「コリントの信徒への手紙一」二章九節）というのは、どういうことなのだろうか。わたしの考えるところではそれは、円形の闘技場よりも、二つの桟敷よりも（それは一等席と四等席、またはある説によると喜劇の舞台と悲劇の舞台だ）、あらゆる競技場よりも楽しいものなのである[27]」。——［この楽しみがもたらされるのは］「信仰によって」と、はっきりと記されているのだ。

一六　ローマとユダヤの闘い

結論をだそう。「良いと悪い」と「善と悪」という二つの対立する価値評価は、数千年に及ぶ恐ろしい闘いを地上で繰り広げてきた。「善と悪」という価値評価が長いあいだ優勢を維持してきたのはたしかであるが、現在でもなお、まだこの闘いの決着がついていないところもあるのである。そしてこの闘いは、つづけられるあいだに、ますます高い次元で闘われるようになり、同時にさらに深く、さらに精神的なものとなったとすら言えるのである。だから現在では、より精神的な性格のもの、「より高き性質」のものを見分ける決定的な特徴は、まさにこの意味での分裂のうちにあるかどうか、現実にこの対立の闘いの場となっているかどうかであるほどなのだ。

この闘いの象徴は、人類のすべての歴史をつうじて、これまでにまだ読みがいのある書物として残されているある文書［タキトゥス『年代記』］によると、「ローマ対ユダヤ、ユダヤ対ローマ」という標語で示されるのである。――これまで、この闘いほどに、この問題設定ほどに、この不倶戴天の敵対関係ほどに、重要な帰結をもたらしたものはないのである。ローマはユダヤ人のうちに、反自然そのもの、まさにみずからに対蹠的な怪物が存在すると感じていた。ローマにおいてはユダヤ人は、「人類敵視の罪と結びつけられた(28)」人々と判定されたものだった。人類の安寧と将来が、ローマ的な価値に、そしてそれに伴う貴族主義的な価値の絶対的な支配に結びつけられるのが正しいものであるかぎり、それは正しいのである。

これにたいしてユダヤ人はローマについてどのように感じていただろうか？　それは数千にも及ぶ兆候から読みとることができる。しかしここでは「ヨハネの黙示録」のことをじっくりと考えてみるだけで十分だろう。この書物は、これまで書かれたすべての文書のうちで、疚《やま》しさから生まれるきわめて強い復讐心を爆発させたもっとも殺伐とした書物なのである（このほかならぬ憎悪の書物に、愛の使徒の名前をつけているということ、恋愛の熱狂にも似た調子をもつ福音書［「ヨハネによる福音書」］の筆者と同じ名前をつけているということ、ここにキリスト教の本能がきわめて首尾一貫したものであることが現れているのであり、そのことを過小評価してはなるまい。――そこには一片の真理がひそんでいるのである。そのためにはおそらく多数の文献の〈贋金造り〉が必要とされたことだろうが）。

ローマ人は強い者であり、高貴な者だった。かつて地上にローマ人よりも強く高貴な人々は出現したことがないし、そのようなことを夢想した人は誰もいないのである。ローマ人が残したすべてのもの、碑文の一つでも、そこに何が書かれているかを理解することさえできたならば、わたしたちを陶酔させるほどである。反対にユダヤ人とは、傑出したルサンチマンの民族、司牧者の民族であった。比類のない民衆道徳の天賦の才がそなわっている民族だったのである。同じような天賦の才がそなわった民族、たとえば中国人やドイツ人をユダヤ人と比較してみるがよい。第一級の才能をもった民族がどちらで、第五級の才能しかない民族がどちらであるか、すぐに理解できることである。

ところでこの両者のうちで当面のところ勝利を収めたのはどちらだろうか、ローマだろうかユダヤだろうか？　そのことに疑問の余地はない。現在ローマの中心地で、すべての最高の価値を体現する者として、人々が崇拝しているのは、誰であるかを考えてみてほしい――ローマだけではなく、地球のほぼ半ばを占める地域において、人間が飼いならされたか、飼いならされることを望んでいるすべての地域においてである――。それは周知のように、三人のユダヤの男たちと、一人のユダヤの女である

(ナザレのイエス、漁師のペトロ、テント作りの職人のパウロ[29]、そして最初にあげたイエスの母のマリアの前に頭を下げているのだ)。

これは大いに注目すべきことである。ローマが屈服したのはまったく疑う余地のないことなのだ。もちろんルネサンス期には古典古代的な理想が、すべてのものを高貴な形で価値評価する考え方が、輝かしくも、そして不気味にも復活したのはたしかである。死にかけていた者が生き返ったかのように、ローマそのものがふたたび動きだしたのだった。しかしそれはローマの上に構築されたユダヤ化されたローマ、新しいローマの圧力によるものだった。この新しいローマはまるで普遍化されたシナゴーグのような外見のために「教会」と呼ばれたのである。しかしすぐに昔ながらのユダヤが凱歌をあげた。それは宗教改革という名前の、根本的に賤民的な(ドイツとイギリスでの)ルサンチマンの運動のおかげである。これには、その帰結として生まれざるをえなかった教会の復興をつけ加えるべきだろう——古典的なローマの古き墓場の静けさまで、復興されたのだ。

ユダヤはさらにフランス革命において、ふたたび古典的な理想に勝利を収めたが、これはさらに深く、決定的な意味をもつ出来事だった。ヨーロッパに存在していた最後の政治的な高貴さが、すなわち一六世紀と一七世紀というフランスの世紀の政治的な高貴さが、民衆的なルサンチマンの本能のもとで崩壊したのである――この出来事が起きたときほど、地上に大きな歓喜の声がわき起こり、騒がしい興奮した声が響いたことは、かつてなかったのである！　しかしそのただなかにおいて、きわめて奇怪なこと、きわめて意外なことが起きたのだった。古代の理想そのものが、肉体をおびて登場し、前代未聞の華麗さをもって、人類の目と良心の前に現れたのである。――これは、多数者の特権というルサンチマンの昔ながらの偽りの合い言葉に抗しながら、人間を貶《おとし》め、卑しいものとし、凡庸なものに均《なら》し、衰退させ、頽落《たいらく》させようとする意志に抗しながら、少数者の特権という恐ろしくも魅惑的な反対の合い言葉を、ふたたび、かつてなく激しく、簡明に、そして貫きとおす力をもって、鳴り響かせるものだったのである！　ナポレオンこそがその人物であり、他なる道のための最後の道標のように、かつて生まれたうちでももっとも独特で、もっとも〈遅生まれ〉の人間として現れたのである。ナポレオンのうちで、高貴な理想そのものの問題が、人間の姿で現れたのである。――それがどのような問題であるかを熟慮されたい。ナポレオン、この人ならざる人と超人の総合……。

一七　これからの問題

——問題はこれで終わったのだろうか？　あらゆる理想の対立のうちで、もっとも巨大な対立が、これで永遠に片づけられたのだろうか。それとも先延ばしされただけ、長期にわたって先延ばしされただけなのだろうか？……古い燃えさしが、長いあいだ燻《くすぶ》っていたために、いつの日かさらに強い勢いで燃え上がらざるをえないのではないだろうか？　それだけではない。まさにそのことを全力で望むべきではないのか？　それを意欲すべきではないのか？　それを促進すべきではないのか？……わが読者諸君のように、ここから考え始め、考えを進めようとする人には、この問題に決着をつけるのは困難なことだろう。——だからこそわたしは自分で決着をつけようとするのだ。ただしわたしが何を望んでいるかが、前著『善悪の彼岸』にうってつけの危険な合い言葉、すなわち「善悪の彼岸」という言葉で、わたしが何を言おうとしていたかが、十分に明らかになっているとしてのことだが……。ともかくもこれは「善きものと悪しきものの彼岸」ではないのである。——

注　懸賞論文のテーマ

この論文を公表する機会を借りて、これまではおりにふれて学者との対談でしか語ったことのなかった願いを正式に表明したいと思う。わたしは、どこかの大学の哲学部が、学問的な懸賞論文を公募して、道徳の歴史についての研究を促進することに貢献してほしいと願っているのだ。——この書物はおそらく、この方向に向けて進むための強い衝撃となることだろう。こうした可能性を考慮にいれて、次の問いを［懸賞論文のテーマとして］提案しておきたい。これは専門の哲学研究者だけでなく、文献学者や歴史学者の注目に値する問いなのである。

「道徳の概念の発達の歴史を考察するためには、言語学、とくに語源の研究がどのように指標を与えるか」

——他方でこの問題（すなわち、これまでの価値評価にはどのような価値があるかという問題）には、生理学者と医学者に参加してもらうことが必要なのは明らかだろう。これらの学者を代弁し、仲介する役割は、専門の哲学者に委ねることができるだろう。ただしそのためには哲学者たちが、哲学、生理学、医学のあいだにこれまで存在していた疎遠で不信に満ちた関係を、きわめて友好的で、生産的な交流関係に作り変えることに、完全に成功していることが条件となるだろう。

実際のところ、これまで歴史研究や文化人類学的な研究で解明されてきたすべての価値評価のリスト、すべての「汝なすべし」には、心理学的な解明や解釈に先立って、生理学的な解明と解釈が必要なのである。さらにすべてのものについて、医学からの批判が待たれるのである。この、あるいはあの価値評価のリストおよび「道徳」には、どのような価値があるのかという問いは、さまざまな観点のもとで提起されるべきである。とくに「何のための価値なのか」という問いは、どれほど精密に考察しても、精密すぎるということはありえない。

たとえばある価値には、一つの民族ができるだけ長いあいだ生存するために（あるいはその民族が特定の風土に適応するために、または最大多数の成員を維持するために）、明白な意義があるとしても、その価値は、民族のより強い典型を創造することが必要な場合には、同じような意義をもつことはありえないのである。多数者の幸福と少数者の幸福は、たがいに対立した価値の視点なのである。多数者の幸福そのものが、価値の高いものだとみなすのは、イギリスの生物学者の素朴さに委ねておこう……。いまやすべての科学は、哲学者の将来の課題のために準備すべきである。この課題とは、哲学者が価値の問題を解決しなければならないということであり、哲学者は価値の位階の序列を定めねばならないということである。——

第二論文　「罪」「疚しい良心」およびこれに関連したその他の問題

一　約束する動物

約束することのできる動物を育成すること——これこそが、自然が人間についてみずからに課した逆説的な課題そのものではないだろうか。これこそが人間についてのほんらいの問題ではないだろうか？……この問題がすでにかなりの程度まで解決されているということは、忘れっぽさという反対の力の大きさを重くみている者には、きわめて驚くべきことに違いない。忘れっぽさとは、浅薄な人々が考えているような、たんなる習慣の力ではない。これはむしろ能動的で、厳密な意味で積極的な抑止能力である。この能力のおかげで、わたしたちがこれまで体験し、経験し、自分のうちに取りいれたものが熟《こな》れるまでは（「精神に同化」されるまでは、と言い換えることもできるだろう）、意識にのぼらないですむのである。それはわたしたちの身体にとって栄養となるものが「身体に同化」される無数のプロセスが、意識にのぼらないのと同じことである。

この能動的な忘れっぽさというものの効用とは、意識の戸口と窓を一時的に閉ざすことであり、われわれの神経にしたがって機能するさまざまな器官が意識下においてたがいに協力し、競争しながら働いている騒ぎと闘いに煩わされずにいることであり、意識のしばしの静寂、しばしの白紙状態《タブラ・ラサ》を確保して、新しいものをうけいれるべき場所を作りだすこと、とくに高尚な機能と器官が働く余地を作りだして、統制し、予測し、予定を立てられるようにすることである（人間の有機体の組織は、寡頭制で統治されているからだ）——それがすでに述べたように、能動的な忘れっぽさの効用であり、精神的な秩序、平穏、礼儀作法《エティケット》の門番であり、維持者であるこの忘れっぽさの効用である。そのことから直ちに洞察できるのは、この忘れっぽさなしでは、いかなる幸福も、明朗さも、希望も、誇りももてないし、いかなる現在もありえないということである。

この抑止の装置が損傷をうけているか、停止している人間は、いわば消化不良に陥っているようなものであり（これはたんなる比喩ではない——）何ごとも「片づける」ということができないのだ。……人間は必然的にこうした忘れっぽい動物にならざるをえないのであり、忘れっぽさは人間においては一つの力であり、逞しい健康の一つの形式である。その一方で人間はこれに対抗する能力を育てあげたのである。それが記憶というものであり、この記憶の力によって、特定の場合には忘れっぽさを〈解除する〉のである。――特定の場合というのは、約束を守るべき場合ということだ。この記憶とは、たんに一度でも刻み込まれた印象を〈二度と消すことができない〉という受動的なものではないし、一度約束として与えた言葉をもはや「ないものとして」片づけることができないという消化不良でもない。むしろこれは〈二度と消し去るつもりはない〉という能動的なものであり、かつて望んだものを〈いつまでも望みつづける〉という意欲であり、ほんらいの意味での意志の記憶である。だから根っこのところにある「わたしは望む」「わたしは成すだろう」という意志と、その意志が十全に実現されて行動にいたるまでには、長い連鎖が存在するのである。その意志の長い連鎖の途中に、見知らぬ新しい物事や事情が思いがけずに介入することも、別の意志の行為が介入することもあるが、そのためにこの意志の連鎖が中断されるわけではないのである。

しかしこれは何と多くのことを前提としていることだろう！　人間がこのような方法で将来の出来事を意のままに支配するためには、まず必然的な出来事と偶然的な出来事を区別する術を学ばねばならない。さらに因果の法則に基づいて思考することを、はるか先のことを今のことでもあるかのように観察し予見することを、自分の目的が何であり、そのために必要な手段が何であるかを確実に想定することを、そしてそもそも計算し測定する能力を、学ばねばならない。——そのためには人間そのものが、自分について考えるときにも、まず計算できるものに、規則的なものに、必然的なものにならねばならないのである。そしてついには、約束する人がするように、未来としての自分を保証できるようにならねばならないのだ！

二　責任と良心

これこそが責任の由来についての長い歴史なのだ。約束できる動物を育成するという課題は、わたしたちがすでに理解したように、この課題の条件として、そして準備作業として、まず人間をある程度まで必然的で、均質な者に、同等な者たちのうちの同等な者に、規則的で、それによって計算可能な者にするという差し迫った課題を含むのである。これは法外な仕事であり、わたしはかつてこれを「習俗の道徳性」と呼んだことがある（『曙光』断章九、断章一四、断章一六を参照されたい）。これは人類がその前史においてもっとも長い時間をかけて実行してきたほんらいの意味の〈仕事〉なのであり、そこにどれほど多くの過酷さと暴圧と愚鈍と痴愚が含まれていたとしても、大きな意味があり、偉大な根拠があるのだ。人間はこの〈習俗の道徳性〉と社会的な〈拘束衣〉のおかげで、実際に計算可能なものとされてきたのである。

わたしたちがこの法外なプロセスを、その到達点から眺めてみるならば、すなわち樹がその実を熟させ、社会性とその〈習俗の道徳性〉が、そもそも何のための手段であったかが明らかにされる地点に立ってみるならば、この社会性という〈樹〉のもっとも成熟した果実が〈至高な個人〉であることをみいだすだろう。これはただ自分だけと等しい個人であり、〈習俗の道徳性〉からふたたび離れた個人であり、自律的な存在として、道徳性を超越した個人である（「自律的」ということと「道徳的」ということはたがいに否定しあうものだからだ）。要するにこの個人は、独自の、自主的で、長期的な意志をもった人間であり、約束することのできる人間である——この人間のうちには、すべての筋肉が震えるほどの誇り高き意識がみられるだろう。これは、ついに彼のうちで実現され、自分のものとなったほんらいの意味での力の意識と自由の意識であり、人間そのものが彼のうちで完成されたという意識である。

自由になり、真実の意味で約束することができるようになった人間、自由な意志の支配者となった人間、この至高な人間、――この人間はよく弁えているのだ、約束することができず、みずからについて保証することのできない人間と比較すると、自分がいかに優越していることか、そしていかに他者からの信頼を、恐れを、畏敬をひきおこすことか、を――彼はこの〔信頼と恐れと畏敬の〕三つのすべてに「値する」のである――。そして彼が自己を支配することで、環境や自然や、短期的な意志しかもてないために信頼するに足りない他のすべての被造物の支配も、また必然的に委ねられるようになったことを弁えていないはずがあるだろうか？

この「自由な」人間、この長く不屈な意志の持ち主は、この意志を所有しているということのうちに、みずからの価値の尺度をおくようになるのである。彼は自分のこの意志を基準として、他人を眺めて尊敬したり軽蔑したりする。彼は自分と同じような意志をもつ人間を、すなわち強く、信頼できる人間を（すなわち、約束することのできる人間を）尊敬するのである。——誰であろうと、至高な人間として、重々しく、ごくまれに、ゆっくりと約束することのできる人間を、めったに他人を信用せず、ひとたび信用するならばこれを称賛する人間を、自分が十分に強いことを知っているために、不幸な出来事に抗してでも、「運命に抗して」でも、自分の一言を守り抜くことができる人間を、他人に約束する言葉を絶対に信頼のおけるものとして与えることのできる人間を、尊敬するのである——。それだけにこうした人間は、できもしない約束をするような気軽な痩《や》せ犬は足蹴にする準備をしているのであり、口にした瞬間からすでにその約束を破るような嘘つきたちには、懲らしめの鞭を振るう準備をしているのである。

　責任という異例な特権をめぐる誇り高き知、このごく稀少な自由についての意識、自己自身と運命まで支配するこの力の意識は、彼の心のもっとも深いところまで降りてゆき、彼の本能に、支配的な本能になっているのである。——もし必要となったときの話だが、彼はこの支配的な本能をどう名づけるだろうか？　疑問の余地もないことだ。この至高な人間はそれをみずからの良心と呼ぶのだ……。

三　記憶と刑罰

彼の良心だって？……わたしたちがここで出会っているのは、「良心」という概念のもっとも高次で、ほとんど異様にまで思われる姿であること、これまでにすでに長い歴史を、その形がさまざまに変化する歴史を経験しているだろうということは、すぐに理解できることだ。自分を保証できること、しかも誇りをもって保証できること、また自己を肯定できるということ——それはすでに指摘したように、熟れた果実であるが、同時に遅れて熟してきた果実なのである。——この果実はどれほど長いあいだ、渋く酸っぱいままで樹にぶらさがっていなければならなかったことか！

そしてこのような果実は、きわめて長いあいだ、誰も目にしたこともなかったのである——樹がさまざまな準備を整えており、この果実が熟すことを目指して成長してきたというのに、その果実が熟すことを約束できる者は、誰一人としていなかったのだ！——「どうすれば人間という動物に記憶させることができるのか？　愚かでぼんやりしたこの動物に、今という瞬間しか理解していないこの動物に、忘れっぽさの化身のような動物に、いつまでも残るようなものを、どうすれば刻み込むことができるのか？」……この昔からの問題が、繊細な回答や手段で解決されたわけではないことは、すぐに理解できるだろう。人間のすべての前史をつうじて、記憶術ほど恐ろしいもの、不気味なものはないのではないだろうか。「記憶に残るようにするためには、それを焼きつけるしかない。苦痛を与えつづけるものだけが、記憶に残るのだ」――これが地上で最古の（残念ながら同時にもっとも長く維持された）心理学の根本命題である。

　今日なお、地上において人間や民族の生活のうちに、荘厳なもの、厳粛なもの、秘されたもの、陰鬱な色合いのものが漂っているところではどこでも、かつて地上において約束され、保証され、誓約されたものに憑《つ》きまとっていた恐怖の名残が響いていると言っても間違いではあるまい。わたしたちが「真面目に」なるときにはいつでも、過去が、もっとも長く、もっとも深く、もっとも残酷な過去が囁《ささや》きかけ、わたしたちの胸の奥深いところから湧き上がってくるのである。

　人間がみずからに記憶を刻み込もうとするときにはつねに、流血と拷問と犠牲なしでは済まなかった。きわめて戦慄的な犠牲と担保（たとえば初子《ういご》の犠牲がその一例だ）、きわめて忌まわしい身体の毀損（たとえば去勢である）、あらゆる宗教の礼拝におけるきわめて残酷な儀礼（すべての宗教はもっとも深いところで、残酷さの体系にほかならない）――これらのすべては、苦痛こそが記憶術の力強い助けとなることを嗅ぎつけた本能から生まれたものなのである。

ある意味では禁欲《アスケーシス》の全体がこれに含まれるのである。禁欲の目的は、いくつかの観念を、消しがたく、つねに現前していて忘れることのできないものに、「固定した」ものにすることにある。その目的は、この「固定した観念」の力によって、神経と知性のシステムの全体に催眠術をかけることにあるのだ。――そして禁欲の手続きと生の形式は、この固定した観念を、他のすべての観念との競合から分離して、それを「忘れがたい」ものにするための手段なのである。

人間の「物覚え」が悪ければ悪いほど、その習慣はますます恐るべき様相を示すことになる。刑法の過酷さは、人類がこの忘れっぽさを克服するためにどれほど苦労したか、そしてすぐに情念と欲望の奴隷となってしまう人間たちに、社会的な共同生活に必要ないくつかの基本的な必要事項を記憶にとどめさせるために、どれほど苦労したかを示す一つの尺度なのである。

わたしたちドイツ人は、自分たちをとくに残酷で冷酷な民族だとは思っていないし、ましてや軽薄で、その日暮らしの民族だとも思ってはいない。しかしドイツの昔の刑法の定めを調べてみれば、地上において「思索的な民族」を育てあげるためにどれほどの苦労がなされたか、すぐに理解できるはずである（この「思索的な民族」は、現在でもまだヨーロッパのうちで、最大限の信頼と真面目さと趣味の欠如と即物性をみいだすことのできる民族であり、こうした特性のために、ヨーロッパのすべての種類の役人たちを育成する権利を確保している民族なのだ）。

このドイツ人というものは、みずからの根本的な本能が賤民的なものであり、野蛮で粗野なものであったために、これを克服するために恐るべき方法でみずからに記憶を刻み込んだのである。昔のドイツの刑罰を考えてみるがよい。たとえば石打の刑（——伝説によると、石臼を罪人の頭めがけて落とすのだ）、車裂きの刑（これは刑罰の分野においてドイツの天才がもたらした固有の発明であり、得意芸だ！）、そして杭で身体を貫く刑、馬たちに引き裂かせたり、踏ませたりする刑（「四つ裂きの刑」）、熱した油やワインの中で煮て殺す刑（一四世紀や一五世紀にもまだ行われていた）、人気の高かった皮剝ぎの刑（革紐切りの刑）、胸から肉を切り取る刑など、それに犯罪者に蜂蜜を塗って、灼熱の太陽の下で蝿にたからせるという刑罰もあった。

このような光景と先例の力で、人々は社会生活の恩恵のもとで生きるために、自分が約束してきたことについて、五つか六つばかりの「わたしはそれはしません」を記憶に刻むのである。——これはほんとうのことなのだ！　この種の記憶の力で、人はどうにか「理性的に」なることができたのだ！　——ああ、理性というもの、真面目さとか、自分の情動の制御とか、一般に熟慮と呼ばれているこの陰鬱な事柄、この人間の特権と飾り物のすべて、それらがいかに高価な代償の支払いを求めてきたことだろうか！　こうした「よき事柄」すべてのために、どれほどの血が流され、戦慄がもたらされたことだろうか！……

四　刑罰と債務

ところでもう一つの「陰鬱な事柄」、すなわちあの罪の意識、すべての「疚しい良心」は、どのようにして世界に現れたのだろうか？——こうして、わたしたちは道徳の系譜学者たちのもとに戻ることになる。ふたたび確認しておけば——それともわたしはまだ何も語っていなかったのだろうか？――この道徳の系譜学者たちというのは、まったく無能である。「自分の目の前にあるものしか見ない」、たんなる「現代的な」経験しかしていないし、過去についての知識も、知ろうとする意志もない。ましてや歴史的な本能などまったくないし、ここでまさに必要とされる「第二のまなざしの能力」もない――それでいて道徳の歴史を追いかけようというのだ。真理にほど遠い成果しかもたらすことができないのは、当然というものだろう。

これまでの道徳の系譜学者たちは、たとえばあの「負い目《シュルト》」という道徳の主要な概念が、きわめて即物的な概念である「負債《シュルデン》」から生まれたものであることを、ごくわずかに夢想でもしたことがあるだろうか？　あるいは刑罰が、意志の自由や不自由などについてのあらゆる前提とはまったく別のところで、一つの報復として発展してきたものだということを、夢想したことがあるだろうか？――実際には、「人間」という動物が「故意による」とか「過失による」とか、「偶然に」とか「責任能力のある」とかの概念と、その反対の概念を原始的に区別するようになり、刑罰の大きさを決定する際にこれらの概念を考慮にいれるようになるためには、〈人間となるプロセス〉が高度な段階にまで到達していなければならなかったのである。

「犯罪者はもっと別の行動をとることができたはずだ。だからこそ犯罪者は処罰されるに値する」という考え方は、現在では安直で、ごく自然で、不可避的な考え方に思えるし、地上に正義感というものが登場した理由を説明するために利用されているのだが、実際にはこの考え方が登場したのはごく遅い時期になってからであり、これは人間的な判断と推論の洗練された形式なのである。このような考え方が人間の歴史の最初からあったと思い違いをする人は、古代の人類の心理を把握できるような繊細な〈手〉をもっていないのである。

　人間の歴史のごく長い期間にわたって、悪しき行為をなした者は、その行為の責任があるからという理由で、処罰されてはこなかったのである。罪のある者だけが罰せられるべきであるという前提で、処罰されてはこなかったのである。——むしろ現代でも親が「怒りのために」子供を罰するように、加害者がもたらした被害の大きさにたいする怒りによって罰が加えられたのである。——しかしこの憤怒は、すべての損害にはそれを償うことのできる等価なものがあるはずであり、たとえば加害者に与える苦痛の大きさによって、実際に埋め合わせることができるはずだという考え方のために制約され、加減されたのである。——損害と苦痛が等価であるという考え方は、ごく昔からある根深いものであり、おそらく今でも完全には根絶されえないものなのだが、この考え方はどこからその力を手にいれたのだろうか？　その秘密はすでにわたしが示唆してきた。それは債権者と債務者の契約関係からである。この契約関係は、「権利主体」そのものと同じくらい古くからあるものであり、この契約関係はさらに、購入、販売、交換、取引、交易などの基本的形式から生まれたものなのである。

五　債務と抵当

すでに述べたことからも予測できることだが、このような契約関係を思い浮かべてみると、こうした関係を作りだし、承認してきた古代の人々にたいして、さまざまな疑念や抵抗を感じざるをえないのである。しかしこの関係においてこそ、約束がなされるのである。この関係においてこそ、約束した者に記憶を植えつけることが重要となる。この関係こそが、過酷なもの、残酷なもの、苦痛なものが生まれる場所なのだと邪推することができよう。

債務を負った者は、負債を返済するという約束を信用してもらうために、その約束が厳粛で神聖なものであることを相手に保証するために、そして返済することが義務であり、責務であることを自分の良心に刻み込んでおくために、そして万一返済しなかった場合のために、契約に基づいて債権者に抵当をさしだす。この抵当とされるものは、債務者がまだほかに「所有しているもの」、まだ彼の裁量のもとにあるもの、たとえば自分の身体とか、自分の妻とか、自分の自由とか、自分の生命などである（あるいは特定の宗教的な前提のあるところでは、自分の来世の浄福や、魂の救いまで、究極のところは墓場のうちでの平安にいたるまでが抵当にされるのだ。たとえば古代のエジプトでは、たとえ墓の中にあっても、債務者の屍《しかばね》は債権者の前では安息をえられなかった。──エジプト人においても、この安息が重要なものだったのはたしかだ）。

そして債権者は債務者の肉体に、あらゆる種類の辱めや責め苦を加えることができた。たとえば負債の額に相当すると思われる量の肉を債務者から切り取ることができた──こうして古代からいたるところで、人間の四肢と身体のさまざまな部分について、合法的な価格査定が、きわめて精密で、ときには恐ろしいほどの細部にいたる価格査定が行われてきたのである。ローマの十二表法は、債権者が債務者の肉をいくらか多く、あるいは少なく切り取っても問題はないと、「多く切り取るも、少なく切り取るも、不法とならざるべし」と宣言しているが、わたしはこれは一つの進歩であり、自由裁量で、概括的で、すぐれてローマ的な法律観が生まれたことの証拠だと考えている。

この賠償形式の背後にある論理を明確にしてみよう。これはきわめて奇妙な論理なのだ。等価関係は次のようにして成立する。債権者は、損害を［債務者に］直接に賠償させることができるが（すなわち、金銭、土地、ある種の所有物を代償としてうけとることができるが）、こうした返済や賠償の代わりに、［債務者に罰を与えることで］ある種の快感を味わうことも認められているのである。――この快感は、無力な者にたいして自分の力を遠慮なしに行使するという快感であり、「悪をなす楽しみのためだけに悪をなす」という快楽であり、暴力の行使を享受することでもある。こうした快楽の享受は、債権者の社会的な地位が低く、卑しいものであればあるほど、高く評価されるものであり、身分の高い者であるかのように味わう珍味の〈前味《まえあじ》〉ともみなされるのである。

債務者に「罰」を与えることによって、債権者は〈主人の権利〉とでもいうものに与《あずか》るのである。ついに「地位の低い」彼もまた、相手を「目下の者」として軽蔑し、虐待することができるという優越感を味わうことができるようになったのである——あるいは処罰する暴力が、処罰の遂行が、すでに「官憲」の手に移っている場合には、少なくとも相手が軽蔑され、虐待されるのを眺めるという優越感を味わうことができるのである。だから「債務者を」残酷に扱うように指図し、要求することのうちに、埋め合わせが行われるのだ。——

六　処罰と祝祭

この領域、すなわち債務の法律の領域こそが、「負い目」「良心」「義務」「義務の神聖さ」などの道徳的な概念の世界の発祥の地であるのだ——これらの概念の世界の端緒は、はるか昔から根本的に血で洗われてきたのであり、これは地上のすべての偉大な物事の端緒にもあてはまることなのだ。ここで、この道徳的な概念の世界からは基本的に、血と責め苦の臭気が完全に拭い去られたことはなかったとつけ加えずにいられるだろうか？（老カントでも同じことだ。定言命法からは残酷さが臭う……）同じくこの領域においてこそ、「罪と苦悩」という不気味で、おそらく分かち難い一対の概念が、最初に結びあわされたのである。

いま一度問うことにしよう。苦悩はどうして「罪」を賠償するものとなりうるのだろうか？　それは［債務者に］苦悩を与えることで、［債権者は］最高度の快感をえるからである。［債務が返還されないことで］不利益をこうむった者［債権者］が、その不利益と、不利益による不快感を償うものとして、いわばそれと引き換えに異様な快楽をうけとるからである。苦悩を与えること、——それは一つの真の祝祭なのだ。すでに述べたように、債権者の身分や社会的な地位が低いほどに、［この快楽は］高く評価されるものなのだ。これは憶測として語るだけのことである。というのは、こうした地下に隠れた事柄は、根本的に解明するのは苦痛なことであるだけでなく、困難なことでもあるからだ。ここで愚かにも「復讐」という言葉を語ってしまうと、洞察を楽にするのではなく、むしろ覆い隠して、暗くしてしまうことになる（——復讐という概念そのものが、同じ問題に帰着するからだ。「苦悩を与えることが、どうして償いとしての満足をもたらすものなのか？」という問題に）。

これは飼いならされた家畜（すなわち現代人、すなわちわたしたちということだ）の繊細さに反することであり、その偽善に反することではあるが、あえて全力をもって思い浮かべてみよう。古代の人々にとって残酷さというものが、どれほどまでに祝祭の大きな喜びとなっていただろうか、人々のほとんどすべての喜びの一部として、どれほどこの残酷さが混じっていただろうか。また他方では古代にあっては残酷さへの要求が、いかに素朴で無辜なものとして現れたのだろうか。古代の人々にとって、「私心なき悪意」が（スピノザであれば、「悪意ある同情」と呼ぶだろう）、いかに人間の正常な特性として、基本的なものとして、――良心が心から肯定するものとして想定されていたか！

深いところまでを見通すまなざしをもってすれば、現代の人間のうちにも、このもっとも古く、もっとも根本的な祝祭の喜びがなお現存しているのを見抜くことができるだろう。わたしは『善悪の彼岸』の断章一九四以下で（さらにそれ以前にも『曙光』の断章一八、断章七七、断章一一三において）、残酷さがますます精神的なものとされ、「神聖なものとされる」傾向があることを控え目に指摘しておいた。残酷さとは、人間の高度な文化のすべての歴史を貫くものなのだ（ある重要な意味では、残酷さは歴史を作りだすものですらあるのだ）。

いずれにしても、死刑や拷問や異端者の処刑のようなものがなかったら、規模の壮大な王家の結婚式や民族の祭典のようなものは考えられないだろう。遠慮なしに意地悪したり残酷にからかったりすることのできる道化のようなものがいなければ、貴族の暮らしは考えられなかったのであり、これは遠い昔のことではないのだ（『ドン・キホーテ』が公妃の宮廷で朗読されたときのことを思いだしていただきたい。今日わたしたちが『ドン・キホーテ』を通読すると、ほとんど拷問に近い苦々しさを感じるのである。しかしこうしたことはこの書物の著者にも、その同時代の人々にも、奇妙で理解しがたいことと思われたに違いない。──彼らはこの書物をきわめて朗らかな書物として、いかなる良心の疚しさも感じることなく読んだのだし、読みながら笑い死にするほど笑ったのである）。

他人が苦悩するのをみるのは楽しいことである。他人に苦悩を与えるのはさらに楽しいことである。──これは過酷な命題だ。しかし古く、力強く、人間的なあまりに人間的な根本命題なのだ。この命題なら猿でも同意することだろう。というのは猿はさまざまな奇妙で残酷な行為を考えだすことでは、人間の登場をすでに予告しており、同時に「前座」を演じているというからだ。残酷さなしには、祝祭はない。人間のもっとも古い、もっとも長い歴史がそれを教えてくれるのだ──そして処罰には同じように祝祭的なものがみられるのだ！──

七　苦悩の意味

――ついでに言っておきたいのだが、わたしはこのような思想によって、わがペシミストたちに力を貸してやるつもりも、調子はずれでぎしぎし鳴っている彼らの生の倦怠の水車に新たな水を注いでやるつもりも、毛頭ないのだ。それよりもここではっきりさせておきたいことがある。かつて人類がまだその残酷さを恥じることのなかった頃の地上の生活のほうが、ペシミストたちのいる現在より、はるかに晴朗だったのである。人間がみずからにたいして恥辱の念を抱くようになればなるほどに、人間の頭上の天空は陰鬱なものとなるのだ。

ペシミストたちの疲れたまなざし、人生の謎にたいする不信の念、生の嘔吐がもたらす氷のように冷たい否定――これらはまだ人類の最悪の時代の〈しるし〉ではない。こうしたものはまだ沼地の植物のようなものだ。この植物は、それにふさわしい〈沼〉が生まれてから、やっと日の目を見るものなのである。――わたしが最悪の〈しるし〉と考えているのは、人間のあの病的なまでの柔弱化と道徳化のことであり、このために「人間」という動物はついに自分のすべての本能を恥じるようになったのである。

人間は「天使」（もっとひどい言葉は使わないことにする）にいたる途上において、自分の胃を痛めつけ、舌に苔を生やしてしまったために、動物の幸福と無垢を忌み嫌うようになっただけではなく、人生そのものが味気ないものになったのである。――こうして人間は自分自身に鼻をつまんで立ちすくむようになり、［禁書目録作りで有名な］教皇インノケンティウス三世とともに、非難がましいまなざしで、自分の嫌いなものの一覧表を作成するようになったのである（「その一覧表はたとえば次のようなものだっただろう」「不潔な生殖、母胎のうちでの吐き気を催すような栄養物、人間が作られた材料のまずしさ、恐ろしい悪臭、唾液の分泌、糞尿の排泄」）。

現在では苦悩は、人生への最たる疑問符であり、人間の生存が生易しいものではないことを証明する第一の事実としてあげねばならないものであることを考えると、その正反対の判断が下されていた時代のことを思いだすのも一興だろう。その時代には、苦悩を作りだすことこそが必要で不可欠なこと、きわめつけの魅力であり、人生のもつ真の誘惑の餌と考えられていたのである。おそらく当時においては――優男《やさおとこ》のための慰めの言葉として語っておくと——苦痛は現在ほどに辛いものではなかったのだ。少なくとも、ヨーロッパ人であれば、どんなに身体の頑強な人でも絶望してしまうような重篤な炎症にかかった黒人を治療したことのある医者であれば（ここでは黒人を歴史以前の人間の代表とみなしておく）——黒人たちはこうした炎症をそれほど痛がらないことに気づくだろう（実際に苦痛を感受する人間の能力を示す曲線は、高級な文化の上部を占める一万人ないし千万人を勘定に入れなければ、急激かつ急速に低下するようである。そしてわたし個人としても疑問の余地がないと考えていることだが、ヒステリーに悩む教養の高い女性がたった一晩のうちに苦しむ苦痛の大きさは、これまでに科学的な疑問を解決するという目的で、メスで切り裂かれて解剖されたすべての動物の苦痛を合わせたよりも、はるかに強いものなのだ）。

さらに人間のうちには、あの残酷さを求める欲望がまだ死に絶えてはいない可能性があることとすら、認めることができるだろう。ただし現在では、苦痛が以前よりも辛いものと感じられるようになっただけに、こうした欲望をかなり昇華し、繊細なものとして表現することが必要になっているだろう。すなわち、想像されたものや精神的なもののうちに翻訳して表現する必要があるのであり、きわめて感じやすい偽善的な良心にも、いささかも疑念を抱かれないようにするため、さりげない明朗な名前でみずからを飾って現れる必要があるのである（「悲劇的な同情」というのが、こうした名前の一例である。「十字架への郷愁」というのも、そうした名前の一つだ）。

　そもそも人間は苦悩には憤慨するものだが、それは苦悩そのものではなく、苦悩が意味のないことに腹を立てているのである。しかし苦悩のうちに魂を救済する秘密の機械《マシン》を読み込んでいるキリスト教徒にとっても、すべての苦悩を傍観者としての立場や、他人に苦悩を与える側の立場からしか解釈することを知らなかった古代の人々にとっても、意味のない苦悩というものは存在しなかったのである。この世から隠れた苦悩とか、発見されていない苦悩とか、目撃する証人のいない苦悩などというものを消滅させて、うやうやしく否定できるように、人類はほとんどやむをえずに神々を発明したのだし、さまざまな高さの中間的な存在を発明したのである。これらは要するに、隠れた場所にも入り込んでくる者、暗闇のうちでも見透すことのできる者、痛ましいと同時に興味をそそる見世物を決して見逃すことのない者なのだ。

　このような発明の力を借りることによって当時の人々は、その生においてつねにみずからを肯定し、みずからに起こった「災い」を是認する方法を会得したのである。

しかし今日ではそのためにはもっと別の助けを発明する必要があるだろう（たとえば人生は謎であるとか、人生は認識問題であるという考え方もその一つだ）。「神がそれを見て喜ばれるすべての災いは是認される」と、人間の前史時代の感情の論理は語る――しかしそれはほんとうに前史時代のことだけだったのだろうか。残酷な見世物を好むとされた神々――おお、この太古からの考え方が、わたしたちヨーロッパの人間化のプロセスに、どれほどまでに強い力を発揮していることだろうか！　これについてはカルヴァンやルターの意見をただすべきだろう。

いずれにしても確実なのは、ギリシア人ですら、彼らの神々を喜ばせるためには、残酷さの楽しみよりも好ましい〈薬味〉をみいだすことができなかったということだ。ホメロスは、彼の神々がどのようなまなざしをもって人間たちの運命を「天から」見下ろしているように描いているだろうか？　トロイア戦争や、それと同じような悲劇的で恐ろしい出来事の究極的な意味はどのようなものだっただろうか？　その意味が神々のための祝祭劇であったことに、疑問の余地はないのである。そして詩人たちがその他の人間よりも「神的な」種族であったかぎりでは、この祝祭は詩人たちのための祝祭でもあったのだ……。

後の時期に登場するギリシアの道徳哲学者たちは、人間の道徳的な格闘と、徳の高い者のヒロイズムと自虐行為に、神々のまなざしが注がれていると考えたのだが、それも同じ理由によるものだった。〔道徳という領域で偉業をなし遂げる〕「義務のヘラクレス」がいわば舞台にあがっていたわけであり、彼もそのことは意識していたのである。この俳優的な民族にとっては、目撃する証人のない徳など、まったく考えられないものだったのである。

そして「自由意志」というもの、すなわち人間が善においても悪においても絶対的な自発性をもつという考えは、当時のヨーロッパのために行われた大胆で、宿命的な哲学の発明だった。しかしこれとても、神々が人間と人間の徳にたいして関心を失うことはありえないという考え方の根拠づけとして、作りだされたものではなかっただろうか？〔神々にとっては〕この地上の舞台で、ほんとうに新しいもの、真実に前代未聞の緊張や、葛藤や、災厄などが不足することがあってはならないのだ。完全に決定論的な世界であれば、神々は予測できて、すぐに退屈してしまうだろう。――だから神々の友である哲学者たちが、世界がこのような決定論的なものであることを神々に求めることはないのだ！古代人はすべて「観客」というものに繊細な注意を払っている。「観客」とは、本質的に公に開かれた、眺めて楽しい世界のことであり、劇や祝祭なしでは幸福というものを考えることのできない世界のことである。——そしてすでに指摘したように、大いなる処罰には、多くの祝祭的なものが含まれるのだ!……

八　価値を評価する動物

さてわたしたちの探求の道筋に戻るとしよう。負い目という感情や個人的な義務という感情はすでに指摘したように、存在するかぎりでもっとも古く、もっとも原初的な人格的な関係に根ざすものである。すなわち買い手と売り手の関係、債権者と債務者の関係から生まれてきたものなのだ。この関係のうちで人格と人格が直面し、人格が他の人格との関係でみずからを計ったのである。どれほど低い文明であっても、このような関係が確認されないような文明はまだみいだされていないのである。

値段をつけること、価値を測定すること、同等な価値のあるものを考えること、交換すること——これらは人間のごく最初の思考において重要な位置を占めていたものであり、ある意味では思考そのものだったのである。人間のもっとも古い種類の鋭敏さが育てられたのはここにおいてであり、人間が他の動物と比較してみずからに誇りをもち、優越感を抱いたのも、ここにおいてである。

ドイツ語の「人間《メンシュ》」（［サンスクリットで精神を指す］マナス）という語も、まさにこの自己感情を表現したものかもしれない。人間はみずからを、価値を測る生物として、価値を見積もって測定する生物として、「まさに評価する動物そのもの」として特色づけたのである。買うことと売ること、およびそれに付随する心理的な要素は、あらゆる社会的な組織形式や結びつきの端緒よりもさらに古いものである。交換、契約、負債、権利、義務、補償などの感情の萌芽は、まず個人の権利のきわめて原初的な形式として生まれたものであり、それがやがて（他の複合体と比較すると）ごく粗野で初歩的な複合的な共同体へと移行していったのである。同時に、力と力を比較し、測定し、計算する習慣もまた、この共同体のうちに移行したのだった。

こうして人間の目は、この遠近法にふさわしい形で調整されていったのである。そしてなかなか動こうとはしないが、ひとたび動き始めると、同じ方向に動きつづける古代人の思考方法に固有のあの無骨な首尾一貫性にしたがって、やがて人は「すべてのものには価格がある。どんなものでも金を払えば手に入れることができる」というおおまかな一般命題に到達したというわけだ――これがもっとも古く、もっとも素朴な正義の道徳的な基準であり、地上に存在するすべての「好意」とすべての「公正」とすべての「善意」とすべての「客観性」の端緒となったのである。この最初の段階における正義とは、ほぼ同等な者たちのあいだで、たがいに和解し、たがいに埋め合わせることで「了解」しあおうとする善意であった――そして力の弱い者たちを強制して、たがいに埋め合わせをさせようとするのである。――

九　社会契約への違反

ふたたび人間の前史の尺度で測定するとすれば（ついでながら指摘しておくと、この〈前史〉というものは、すべての時代において存在するもの、あるいは存在する可能性のあるものだ）、共同体がその成員と結ぶ関係もまた、債権者が債務者と結ぶ重要で根本的な関係と同じものである。人は共同体のうちで生き、共同体の恩恵を享受している（おお、何という恩恵だろうか！　わたしたちはこれを現在ではしばしば過小評価してしまうのだ)。人は守られ、大切にされ、平和と信頼のうちに生きている。ある種の危害や敵意などに煩わされることなく暮らしているのである。しかし外部の人間、「平和なき者」たちは、こうした危害や敵意にさらされて生きているのである――ドイツ人なら、「惨めさ《エーレント》」という言葉がもともとはどのような意味だったかを理解しているものだ――(30)。こうした危害や敵意にそなえるために人々は、共同体にみずからを抵当としていれ、義務を負ったのである。

もしも人がそうしなければ、何が起きるだろうか? 共同体は「その人に」裏切られた債権者と同じようにふるまうだろう。そしてできるかぎりで最大の支払いを求めるはずであり、これは確実なことなのだ。この支払いにおいては、「支払いを求められる人である」加害者が直接に引き起こした被害の大きさそのものは、ほとんど問題にもされないだろう。直接の被害は別の問題であり、犯罪者《フェアブレッヒャー》は何よりもまず「破壊者《ブレッヒャー》」とみなされるのだ。この者はいまや、それまでその恩恵をこうむっていた共同生活のあらゆる財産と快適な生にかんして、全体に逆らって契約に背き、約束を破った者である。

犯罪者はいまや債務者であり、この債務者はこれまで享受してきた恩恵や前借りを返済しないだけでなく、債権者に攻撃をしかける者である。だからこの者はこれからは、こうしたすべての財と恩恵を失うだけにとどまらないのは当然のことである――彼は、こうした財がいかに自分にとって大切なものだったかを、思い知らされるのだ。被害をうけた債権者、怒り狂った共同体は、この者をそれまで保護してきた状態から、もとの野蛮で法の恩恵を奪われた状態へと追い返すのである。共同体はこの者を排除するのだ――今やこの者にたいしてどのような種類の敵意を向けても許されるのである。

このような文明の段階においては「刑罰」とは、武装解除し、征服された憎むべき敵にたいする通常の措置を模倣したもの、その物真似にすぎない。罰される者は、いかなる権利も保護も奪われ、あらゆる恩恵を奪われるのである。要するにそれは、「征服された者は災いなるかな！」という言葉どおりに、無慈悲と残酷さがまかりとおる軍法と戦勝の祝賀会のようなものである。――そこからも、戦争というものは（戦争における犠牲者の崇拝を含めて）、歴史において行われてきたすべての形式の刑罰が生まれる場だったことが理解できる。

一〇　刑法の発展

共同体の力が強くなると、個人の違反はそれほど重要なものではなくなる。かつてのように個人の違反を、共同体の全体の存続にとって危険なものであるとも、秩序を転覆するようなものであるとも、みなす必要がなくなっているからである。悪しきことを行ったからといって、「法律の保護を奪われる」ことも、共同体から排除されることもない。共同体全体の怒りもかつてのように、制御されずにその者に向けられることはない。——むしろ悪しきことを行った者はいまや、このような怒りから、とくに直接に被害をうけた人々の怒りから、共同体によって慎重に弁護され、保護されるのである。

まず悪しき行為によって被害をうけた人々の怒りにたいする調停が行われる。さらにその事件の範囲を限定する——それをさらに広範に、一般的に拡大することで、多くの人々が関与してきて、不穏になることを防ぐためである。また「被害を償うために」価値の等しいものを探しだして、訴訟の全体の交渉の調停を行おうとする試み

(示談)が行われる。何よりもすべての違反をある意味で賠償しうるものとみなそうとする意志が、少なくともある程度は犯罪者とその行為をたがいに分けて考えようとする意志が次第に明確に示される——これが、刑法のその後の発展において、いよいよ顕著なものとなる特徴である。

共同体の力と自己意識が強まると、刑法も穏やかなものとなってくる。そして共同体が弱まり、強い危険に直面するようになると、刑法の過酷な形式がふたたび脚光を浴びるようになる。「債権者」は、豊かになるに応じて、人間らしくなるものである。共同体が被害をこうむっても、それに苦しめられることなく、どこまで耐えられるかが、その富の大きさの尺度となるのである。社会の力の意識が強くなって、——社会に害を与えるものを罰さずにおくという最高の贅沢をみずからに認めるようになることも、考えられないことではないのである。そして社会はこうも言うだろう。「社会に寄生するこれらの輩が、我が輩にどのようなかかわりがあるというのか? 生かして、のさばらせておけばよい。我が輩はまだ十分に強いのだ!」……。

正義とは、「すべてのものは賠償されうるし、すべてのものは賠償されねばならない」ということから始まったのだが、——ついには支払い能力のない者を大目にみて、放免するようになることで終わるのである。——地上のすべての善き事柄と同じく、みずからを止揚して消滅するのだ。これが正義の自己止揚であり、これがどんな美名で呼ばれているかは周知のことである——恩赦である。もっともこれはつねにきわめて強い者の特権であり、むしろその者の〈法の彼方〉であるのは自明のことである。

一一　法と正義

——ここで一言、反駁の言葉を述べておきたい。最近のことだが、正義の起源をまったく別の土台に据えようとする試みがみられた。——正義の起源がルサンチマンにあるという意見なのである。ルサンチマンについてさらに詳細に研究しようとする心理学者がいるならば、こうした心理学者の耳に入れておきたいことがあるのだ。この「ルサンチマンという」植物は今では、アナーキストたちや反ユダヤ主義者たちのうちで花盛りなのだが、場合によっては菫《すみれ》の花のように、こっそりと隠れて（匂いは違うが）花を開いているのである。同じものから同じものが生まれるのは当然なことだから、ここでもすでに繰り返し指摘してきたものと同じ試みが生まれたとしても、意外に思うことではないだろう（本書の第一論文の一四節を参照されたい）。すなわち、復讐を正義という美名で聖なるものにしようとしているのだ——あたかも正義とは根本では、傷つけられた者の感情を発展させたものにすぎないかのようにである。——そして復讐とともに、「被害に反応して起こる」反動的な情動のすべてに、遅れ馳せながら敬意を表明しようとするのである。

この「反動的な情動に敬意を表明しようとする」試みには、わたしはさほど違和感を覚えない。生物学的な問題の全体を考慮した場合には（この情動の価値はこれまで過小評価されてきたこともあり）、これは一つの功績とも思えるからである。ただしついでに指摘しておきたいのは、この新たなニュアンスのもとで語られる学問的な公正さとやらは（これは憎悪、嫉妬、猜疑、邪推、怨恨、復讐に好意的なものである）、ルサンチマンの精神そのものから生まれてきたものだということだ。それというのも、生物学的にみると反動的《レアクティブ》な情動よりも価値が高く、そのために学問的に評価され、尊重されるべきだと思われる別の種類の情動が問題になるときには、こうした「学問的な公正さ」というのはすぐに姿を消してしまって、激しい敵意と先入見に座を譲り、こうしたものが強調されるようになるからである。この別の種類の情動とは、支配欲や所有欲など、真に能動的な情動のことである（E・デューリングの『生の価値』と『哲学教程』、そして彼のすべての著作を参照されたい[31]）。

こうした傾向についての一般的な反論はこれくらいにしておこう。しかし正義の生まれ故郷は、反動的な感情の土壌のうちに探すべきだというデューリングの個別的な命題については、真理への愛のためにも、この命題を断固として逆転させて、次の命題を対峙《たいじ》させる必要があるだろう。反動的な感情という土壌は、正義の精神が最後になってやっと征服した場所なのだ！　正しい人間が、自分を傷つけた者にも公正な姿勢を保つということがあるとしたら（それはたんに相手に冷淡に、控え目に、よそよそしく、無関心な態度を示すということではない。公正な姿勢を示すということは、つねに積極的なふるまいなのである）、個人的に傷つけられ、嘲笑され、嫌疑をかけられても、裁きを下す公正なまなざしが曇ることなく、高く澄んだ客観性、深く穏やかな客観性を維持することができるとしたら、それは地上における完成した人間性を示すものであり、最高の完璧さを示すものであろう——それどころか、これは期待しないほうが賢明であるもの、とても容易には信じられないものなのである。

ふつうはどれほど公正な人物であっても、ほんのわずかな攻撃が、悪意が、へつらいが向けられただけで、目を血走らせ、公正さをその目から追いだすに十分であることは確実なのだ。〔被害を受けたことに反応して行動する〕反動的な人間と比較すると、能動的で、攻撃的で、侵略的な人間のほうがつねに百歩も正義に近いところにいるのである。反動的な人間は、つねに対象を先入見にしたがって誤って評価するし、評価せざるをえないものだが、能動的な人間にはそのようなことはまったく不要なのである。だから実際にいつの時代でも、攻撃的な人間こそがより強い者、より勇敢な者、より高貴な者として、自由なるまなざしと、より良き良心をそなえた者だったのである。反対に「疚しい良心」などを発明して、良心に疚しさを感じているのが誰かは、すぐに分かることだろう――ルサンチマンの人間なのだ！

最後に歴史を振り返ってみるがよい。これまで法というものが運用されたのはどのような領域だったろうか、法の必要性が地上で根づいたのは、どのような領域だったろうか？　反動的な人間の領域だろうか？　まったくそのようなことはないのだ。能動的で、強く、自発的で、攻撃的な人間の領域においてなのである。歴史的にみるかぎり、法が地上において示しているのは――こう言うと、先に述べた扇動家〔デューリング〕は立腹するかもしれないのだが（かの扇動家はみずから告白して、「復讐の教義が、正義の赤い糸として、わたしのすべての著作とすべての営みを貫いている」と語っているではないか）——、反動的な感情に対抗しようとする闘いであり、能動的で攻撃的な力が、反動的な感情と繰り広げる闘いなのである。能動的で攻撃的な力は、みずからの力の一部を利用して、反動的な情念《パトス》が枠からはみだすのを押しとどめ、抑制しながら、和解を強要するのである。

　正義が行われ、正義が保たれているところではどこでも、より強い力が、その下位にある弱き者にたいして（それが集団であることも、個人であることもあるが）、ルサンチマンが荒れ狂うのをやめさせるための手段を探していることが確認できる。たとえば復讐の手からルサンチマンの対象を奪い去ったり、あるいは復讐させるのではなく、平和と秩序を乱す者と闘わせるのである。ときには償いの方法をみつけだして提案し、場合によってはこれを強制することがあるし、損害と同じ価値のあるものを補償のための基準として確立し、以後はルサンチマンに、つねにこれに基づいて補償を要求させることもある。

　しかしもっとも上位にある権力が、反抗感情や復讐を求める感情の高まりに対処するもっとも決定的な方法は、法を定めるということなのだ——上位の権力にそれを実行するだけの強さがあれば、かならずこの方法を利用することになる。そしてもっとも上位にある権力の判断において、何が許され、何が正しいか、何が禁じられ、何が不正とみなされるかを、命令として宣言するのである。そして法を制定した後は、個人や集団の全体が法を侵害したり、勝手気ままな行動をとったりした場合には、それを法にたいする侵犯として、もっとも上位にある権力そのものへの反逆として処理する。これによってこの権力に従属する者たちの感情は、侵害によって発生した直接の損害に動かされることがなくなり、長期的にみると、復讐が求めていたものとは正反対のものを実現するのである。なぜなら復讐とは、損害をうけた者の視点だけに立つものであり、この視点だけが重要なものだからだ。――こうして行為がますます個人的な視点を外れて眺められるようになる。そして被害をうけた当事者までが、そのようなまなざしで眺めるようになるのだ（これはすでに述べたように、最後になってからのことだが）。――だから「正」と「不正」が登場するのは、法が制定された後になってからのことなのだ（デューリングは、侵害行為が行われた後になって正と不正が登場すると主張するのだが、それは間違いだ）。

正と不正をそのものだけにおいて、独立させて語ることには、いかなる意味もない。

生は、本質的にすなわちその基本的な機能としては傷つけるもの、暴力を振るうもの、搾取するもの、破壊するものとして働くのであり、こうした特徴なしにはそもそも考えることのできないものだからである。その意味では傷つけること、暴力を振るうこと、搾取すること、破壊することは、そのものだけにおいては「不正な」ものではないのである。そしてわたしたちは、さらに懸念すべきことを認めねばならなくなる。生物学的にもっとも高い立場からみると、法が守られている状態は、つねに例外状態であっても構わないのである。法が守られている状態というものは、力を目指しているほんらいの生の意志を部分的に制限するものであり、その全体的な目的と比較すると、部分的な手段として下位に置かれるものだからである。つまり法が守られているという状態は、より大きな力の統一を作りだすための手段にすぎないのである。

法の秩序を至高で一般的なものとみなすということは、それをさまざまな力の複合体の闘争における手段の一つとして考えるのではなく、すべての闘争に反対するための手段として考えるということだ。たとえばデューリングの月並みな共産主義的な定式にしたがって、すべての意志はそれぞれ同等なものであるとみなすということである。これは生に敵対的な原則なのであり、人間を破壊し解体するもの、人間の未来を

謀殺するものであり、倦怠の一つの兆候であり、虚無への抜け道なのだ。──

一二　刑罰の起源と目的

ここで刑罰の起源と目的についてさらに指摘しておきたい──刑罰の起源は、刑罰の目的とはまったく別のものであり、別の問題として考察すべきである。しかし残念なことにこれらはふつうは、一つの問題として考察されているのだ。道徳の系譜学者はこの問題をこれまでどのように考察してきただろうか? いつもながらに素朴なやりかたが採用されてきたのだった──。彼らはまず刑罰に、ある「目的」というものを探しだす。たとえば「犯された損害への」復讐や「将来の犯罪を防ぐための」威嚇のようなものだ。そしてこうした目的を無邪気にも刑罰の端緒として、〈発生因〉として設定する──それでお終いというわけだ。

しかし「法における目的」というものは、法の発生の歴史においては最後になってから使われるべき概念である。むしろすべての種類の歴史にとって、次の命題よりも重要なものは存在しないのであり、この命題は苦労してやっと手にいれることができるものだが、絶対に手に入れるべきものである――すなわち、あるものが発生する原因は何かという問題と、その原因が後の段階でどのような効用があり、実際にどのように利用され、目的の体系にどのように組み込まれるかという問題は、天と地ほどに違う性質の問題だということである。すでに存在するもの、あるいは何らかの方法で存在するようになったものは、つねにその上位にある力によって新たな意図のもとで解釈され、新たにみずからのものと宣言され、新たな用途のために作り替えられ、向きを変えられるものである。有機的な世界で起きたすべての出来事は、ある種の征服であり、支配である。そしてすべての征服とすべての支配は、新たな解釈であり、一つの調整である。その際には以前の「意味」と「目的」は必然的に曖昧《あいまい》なものとなるか、まったく消滅してしまわざるをえないのである。

ある生理的な器官の（あるいは一つの法律制度、社会的な風習、政治的な慣行、芸術や宗教的礼拝の一つの形式の）効用がいかによく理解できたとしても、その発生については何も理解したことにはならないのである（これが古い人々の耳にどれほど不快に聞こえようともである）。――というのも昔から人々は、ある事物、ある形式、ある制度に、明白に示せる目的や効用があることを確認できると、すぐにそのものの発生の根拠についても理解できたと信じ込んでしまうからである。たとえば目は見るために作られたし、手は摑《つか》むために作られたというわけだ。だから刑罰も、処罰するために作られたと考えるのである。

しかし目的というもの、効用というものはすべて、力への意志が自分よりも力の弱いものを支配する主人となり、ある機能の意味を力の弱いものに押しつけたという〈しるし〉にすぎないのである。ある「事物」の、ある器官の、ある慣行の全体の歴史は、新たな解釈と新たな調整の〈しるし〉の連鎖として考えることができるのである。その解釈と調整の原因は、たがいに関連のあるものである必要はないし、むしろ状況によっては偶然に継起し、交代するものにすぎないのである。だからある事物の、ある慣行の、ある器官の「発展」というものは、一つの目的に向かう進歩なのではないし、ましてや力と費用の支出を最小限にしながら実現される論理的で最短の進歩などではないのである。――むしろ、こうした事物、慣行、器官などを制圧するさまざまなプロセスが、それらのものに深くあるいは浅くはいり込み、たがいに独立してあるいは依存しつつ、継続的に進行してきたことを示すものなのだ。一面ではこうしたプロセスにたいするそのたびごとの抵抗であり、防衛し反応するために、みずからの形式を変動させようとする試みであり、対抗活動が成功した結果でもある。

形式というものは流動的なものであり、「意味」というものはさらに流動的なものだ……。個々の有機体の内部においても、状況は似たようなものである。有機体の全体が発展するたびに、個々の器官の「意味」は変動するのだ。——状況によっては、器官が部分的に消滅することもあり、数が減ることもあるが（たとえば、中間肢がなくなったため）、これは力と完全さが高まっていることを示す〈しるし〉である。わたしが主張したかったのは、部分的に無用なものとなることは、そして矮小化したり退化したりすることも、意味と目的を失うことも、要するに死そのものも、真の進歩の条件の一つだということだ。真の進歩はつねに、より大きな力の意志として、こうした力に到達するための〈道〉として発生するものである。そしてつねに無数の小さな力の犠牲のもとに、進歩が貫徹されるのだ。

一つの「進歩」の大きさというものは、そのためにどれほど多くのものを犠牲にしなければならなかったかという尺度によって計られるのである。個々の強い人間の種族が繁栄するために、集団としての人間が犠牲にされるのである——それも一つの進歩であろう……。わたしは歴史的な方法におけるこの基本的な視点の重要性を強調したい。この視点は、現在において支配的な本能と時代の趣味に根本的に反するものであるからこそ、これを強調しておきたいのである。現代的な趣味では、すべての出来事において力への意志が現れているという理論よりも、すべては絶対の偶然によって起こるのであり、意味のない機械論的なプロセスだという見方を好ましいと考えているようなのだ。

民主主義にはある特異体質とでもいうものがあって、上から支配するすべてのもの、支配しようとするすべてのものを否定する。これは近代的な支配嫌悪主義（ミザルキスムス）であって（ひどい造語だが、ひどい事実にはひどい言葉が必要なのだ）、これが次第に精神的なものに、もっとも精神的なものにまで変化し、精神的なものらしく仮装するようになっているのである。そのために現在では、きわめて厳密で、一見したところ客観的にみえる科学の分野にまで次第に侵入し、侵入することが許されているほどである。わたしには今ではこれがすべての生理学と、生命についての学問を支配しているようにみえる。そしてこれらの学問から真の意味での根本概念である能動性という概念が追い払われてしまったために大きな被害が発生しているのは、自明なことだろう。

民主主義の特異体質の圧力のもとで、これらの学問でこの能動性という概念の代わりに前景におしだされてきたのは、「適応」という概念だが、これは二流の能動性であり、たんなる反動性にすぎない。そして生そのものが、外的な環境に適合するという目的にふさわしい形で、内的に適応する営みであると定義されるまでになったのである（ハーバート・スペンサー）。しかしこれでは生の本質そのものが誤認されてしまう。生の本質とは力への意志にあるのだ。この適応という概念の定義では、自発的で、攻撃的で、支配的で、新たな解釈を求め、新たな方向性を定め、新たな形式を構築する諸力が、原理的に優越したものであることが見逃されるのだ。そもそも「適応」ということが行われるのも、こうした諸力の働きによってなのである。この定義では、有機体としての生物において、生の意志が能動的に働き、形式を作りだすものとなって現れる最高の器官がはたす支配的な役割が否定されてしまうのである。ハクスリーが[32]、スペンサーにみられるのは「管理的なニヒリズム」だと非難したことを想起していただきたい。しかしここで問題になっているのはたんに「管理的な」ものだけではないのである……。

一三　刑罰の意味と分類

――さてここでほんらいのテーマに、すなわち刑罰の問題に戻ろう。この問題では次の二つの点を区別する必要がある――刑罰においてかなり恒久的に存在するものと変動するものを区別すべきなのだ。恒久的に存在するものとしては、その慣行、行為、「ドラマ」、処罰の手続きにみられる厳密な順序などがある。変動するものとしては、刑罰の意味、目的、［処罰の効果として］期待されるものがあるが、これらは処罰の手続きの執行に伴うものである。ただしこれまで述べてきた歴史的な方法論の基本的な観点から、類推によってただちに想定されることがある。処罰の手続きそのものは、それが刑罰において利用される以前から存在していたもの、もっと古いものであるということだ。そして処罰というものは、その手続きのうちに後になってから持ち込まれたものであるということである（その手続きは、もっと別の意味において、すでに存在していたものなのである）。要するに事実は、われらが素朴な道徳学者や法律の系譜学者がこれまで想定していたようなものではないということなのだ。これらの学者はすべて、処罰の手続きは、刑罰の目的のために発明されたものだと考えてきたのである。かつては手というものが、物を摑む目的で発明されたと考えてきたが、これはそれと同じ思考方法なのだ。

ところで刑罰のもう一つの要素である変動するもの、すなわち刑罰の「意味」について考えてみよう。文化のきわめて後期の段階においては（たとえば現在のヨーロッパにおいては）、「刑罰」という概念には事実として、もはや一義的な意味はないのであり、「複数の意味」の全体的な総合がみられるだけなのだ。刑罰そのものについてのこれまでの歴史と、さまざまな目的で刑罰が利用されてきた歴史を考察してみると、結局のところある種の統一体のもとに〈結晶する〉ことが分かる。この〈結晶〉は分解することも分析することも困難であり、何よりもまったく定義できないものであることを強調する必要があるだろう（現在ではそもそも何のために刑罰が加えられるのかを規定することはできなくなっているのだ。プロセスの全体がそこに〈兆候〉としてまとまっている概念は、定義することはできない。定義することができるのは、歴史をもたないものだけだ）。

これにたいして文化の初期の段階においては、この「複数の意味」の総合はまだ分解することができるし、その位置を変えることができるのである。個々の事例において、総合されたさまざまな要素の重要性がいかに変わっていったか、そのためにどのように順位を変えていったかを理解できるのである。あるときにはこの要素が、またときには別の要素が、他の要素を犠牲にしながら登場し、支配するのである。状況によっては、ただ一つの要素だけが（たとえば［刑罰を与えることで犯罪を予防することを目指す］威嚇という要素が）圧倒的になり、他のすべての要素を廃棄するかのようにみえることもある。

刑罰の「意味」というものがどれほどまで不確かで、あとからつけ足したものであり、偶然的なものであるか、そして同じ処罰の手続きが、まったく異なる目的のために利用され、あてはめられ、整備されうるか、これについて少なくともイメージなりとも思い描いていただくために、［さまざまな刑罰の種類を示す］典型的なパターンをお目にかけたいと思う。このパターンは、わたしがかなり偶然に手に入れたわずかな材料をもとに作りあげたものである。

被害が発生しないようにするため、そして将来においてさらに被害が発生するのを予防するための刑罰。

被害者に、何らかの形式で賠償を与えるための刑罰（感情的な代償であってもよい）。

［社会の］擾乱がさらに拡大することを防ぐために、［社会の］均衡を擾乱する者を隔離するための刑罰。

処罰を決定し、執行する者にたいする恐怖の感情を注ぎ込むための刑罰。

犯罪者がそれまで享受してきた利益とのバランスをとるための刑罰（たとえば、犯罪者を鉱山で働かせる場合だ）。

頽廃した分子を排除するための刑罰（ときには中国の法律で定められているように一族の全体を滅ぼすこともある。種族の純潔を維持するか、特定の社会的な類型を固定するために刑罰が利用されるのだ）。

祝祭としての刑罰。これはついに打倒された［社会の］敵を迫害し、嘲笑することを目的とするものだ。

記憶させるための刑罰。これは処罰をうける者に記憶させるか——いわゆる矯正のための刑罰である——、刑の執行を目撃した人々に記憶させる刑罰である。

謝礼としての刑罰。悪事をなした者は、［被害者によって］思いのままに復讐される可能性があるのであり、こうした復讐から加害者を保護していることについて当局への謝礼として刑罰が行われるというのだ。

復讐が行われる自然状態との妥協としての刑罰。これはある力の強い種族が復讐に固執し、復讐することを特権として要求している場合である。

平和の敵、法律の敵、秩序の敵、政府当局の敵にたいする宣戦布告と戦争のための措置としての刑罰。こうした敵は、共同体にとって危険な者であり、共同体の前提とする契約を破棄する者であり、反逆者であり、裏切り者であり、平和を破壊する者であり、こうした者たちとは、戦争において使われるのと同じ手段によって戦うべきなのである。——

一四　刑罰と負い目の感情

この「刑罰の意味の」リストは完全なものではないが、刑罰にさまざまな種類の効用が負わされていることは、これで理解できよう。このリストから、一般に誤って刑罰のもっとも本質的なものと考えられている効用ぐらいは外しても構わないだろう。——刑罰の効用についての信念は、現在ではさまざまな理由から揺らいでいるが、それでもこの本質的な効用とみなされているものが、もっとも強い支えとなっているのである。［この考えによると］刑罰は有罪者のうちに負い目の感情を呼び覚ます価値があるというのである。刑罰は「疚しい良心」とか「良心の呵責《かしゃく》」と呼ばれるあの魂の反応を呼び起こす固有の手段とされているのである。

しかしこのように考えるから、現実も人間の心理も、いつまでも理解できないのだ。人間のきわめて長い歴史も、人間の前史もまた、理解できないのだ！　ほんものの良心の呵責というものは、犯罪者や受刑者のうちではきわめて稀なものである。監獄や刑務所というものは、良心を齧《かじ》るこうした〈虫〉が好んで繁殖するような温床では、ないのである。――この点については、良心的な観察者たちの意見はすべて一致している。もっとも、多くの場合これらの人々は、こうした判断を下すのを嫌がり、はなはだ不本意のうちに判断を下すものなのだが。概略的に言えば、刑罰は人間を冷酷に、そして冷淡にするものである。刑罰は人を追いつめてしまう。そして疎外感を強め、かえって抵抗力を強くするのである。刑罰が人間の気力を砕き、惨めな脱力と自己卑下をもたらすものだとしたら、それは乾いた陰鬱な真面目さを特徴とする刑罰の通常の効果よりも、さらに好ましからざるものではある。

しかし人間の歴史に先立つあの数千年の前史に思いをいたすならば、わたしたちは何よりもこの刑罰のために、負い目の感情の発展がきわめて著しく抑制されたのだと躊躇なく判断することができる。――少なくとも刑罰という暴力の犠牲となった者にとってはそうだったのである。犯罪者は、司法によって定められ、執行された処罰の手続きがどのようなものであるかを目撃することで、自分の行為そのものが、それ自体として非難すべき性質のものであるとは考えなくなったのだ。このことの意味を過小評価してはならないだろう。なぜなら犯罪者は、自分の行った行為と同じ性質の行為が正義の名においてなされていること、それが疚しくない良心の行う行為として、善なる行為として、遂行されているのを目撃するからである。こうしてスパイ行為、欺き、買収、詐術など警官や告訴者が活用するすべての悪賢い手管が、そしてそれだけではなく、さまざまな刑罰において明確に確認できる行為である強奪、圧服、誹謗、監禁、拷問、殺害などが、たんに感情に走ったから行われるどころか、根本的に免責されていること、――これらのすべてを目撃するうちに、こうしたものは裁判官によってそれ自体として非難すべきものとも、罰すべきものともされず、特定の観点から利用されているにすぎないと感じるのである。

「疚しい良心」は、わたしたちの地上の植物のうちでもっとも不気味で、興味深い種であるが、これはこの土壌から生育してきたものではないのだ。——実際のところ裁判官や刑の執行者の意識のうちには、「罪のある者」を相手にしているのだという気持ちは長いあいだ、まったくなかったのである。彼らの意識のうちにあったのは、たんにその者が損害をもたらした者であり、責任を問うべくもないたんなる不運な一個人にすぎないという気持ちだった。また刑罰をうける者の側にとっても、それは一つの不運がふりかかってきただけのことにすぎない。もしも「内面の痛み」のようなものがあったとしても、それは予測外の出来事、恐ろしい自然現象が突然発生したり、身体を砕いてしまう岩の塊が降ってきたりしたときのようなもので、もはやどうしようもないという感じにすぎなかったのである。

一五　刑罰の効果

スピノザはあるとき際どいやり方で、このことを意識したのだった（それだけに彼の注釈者は困惑しているのである。たとえばクーノ・フィッシャーがそうだが、彼らはここでスピノザを誤解しようと、必死に努力しているのである)。スピノザはある日の午後のことだが、何かの回想で思い悩んでいたときに(それが何だったかは、知るよしもない)、自分のうちにはかの有名な良心の呵責というものがまだ残っているだろうかと自問したのだった。——スピノザは善も悪も人間が想像したものにすぎないと断じる一方で、神はすべてを〈善なる見地のもとで〉なすのだという瀆神者たちの主張に憤慨しながら、自分の「自由な」神の名誉を守りぬいていたのである(スピノザは、「そんなものがあると主張するなら、神は運命に隷属することになるし、それは背理のうちでも最大の背理である」と考えたのだ——)。

スピノザにとっては世界は、疚しい良心といったものが発明される以前のあの無垢な状態にもどっていたのである。それでは良心の呵責はいったいどうなるのだろうか? ついにスピノザは独語した。良心の呵責とは、「歓喜《ガウディウム》の反対であり、期待に反する結果となった過去の思い出に伴う悲哀である」(『エティカ』第三部、定理一八、備考一、二)。刑罰をうけた悪人たちが、自分の「犯行」について感じていたことは、スピノザのこの着想とまったく同じことだったのである。「わたしはそれを成すべきではなかった」と考えるのではなく、「思いがけずも、まずいことになってしまった」と考えるのである――。彼らが刑罰に服する姿勢は、病気や不幸な出来事や死に服する姿勢とまったく同じである。そこには抵抗することを諦めた勇敢な宿命観がみられるのであり、たとえば現代のロシア人はこの宿命観のおかげで人生に対処するために、西洋の人々よりも有利な立場に立っているのである。

スピノザの時代において行動への批判があったとすれば、それを担当したのは、行動［の効果］を批判する悪賢さの役割だった。刑罰の真の働きは、この悪賢さをさらに鋭利なものとしたこと、すなわち記憶を長持ちさせ、これからはさらに慎重に、疑い深く、内密のうちに実行しようと意志するようになったことにあると考えるべきであり、これに疑問の余地はない。人間には力の及ばない多くのことがあるのだということを洞察させ、ある種の自己批判をさらに鋭いものとしたことに、刑罰の真の働きがあるのだ。

　人間でも動物でも同じことだが、罰することで達成できるのはほぼ、恐怖心を強めること、悪賢さを助長すること、欲望を制御させることにあると言ってさしつかえないだろう。刑罰はこうして人間を飼いならすのだが、人間を「より善く」することはない。――その反対であると言うほうが、はるかに正しいだろう（俗に「痛い目にあ

う と賢くなる」と言う。賢くなるということは、悪くなるということだ。運よく愚かになる場合も多いのだが)。

一六 「疚しい良心」の起源

ここまでくると、「疚しい良心」の起源についてわたしが抱いている仮説について暫定的にでも語るのを、もはや先に延ばすことはできないだろう。これは耳に入りにくいことなので、寝ても覚めても、長い時間をかけて考えてほしいことなのだ。わたしは疚しい良心というものは、人間がかつて経験した変動のうちでもっとも根本的な変動の圧力のために、患わざるをえなかった〈深い病〉なのだと考えている。この変動とは、——人間がついに社会と平和の拘束のうちに閉じ込められてしまったときに発生したものである。

これは水棲動物が、陸棲動物になるかそれともそのまま滅びるかという選択に迫られたときに経験した変動と同じ種類のものであり、野蛮な生と戦争と漂泊と冒険のうちに適応してのんびりと生きていた半ば動物に等しい人間も、同じような選択を迫られたのである──人間のすべての本能が一挙に無価値になり、「外れて」しまったのだ。この動物はこれからは足で歩かねばならなくなり、それまで水に乗って運ばれていた距離を「自分自身で運ぶ」ことを強いられたのだった。恐ろしい〈重さ〉がのしかかってきたのである。

きわめて簡単な作業をするにも不器用だと感じるようになり、この未知の世界においては、調整しつつ無意識のうちに導いてくれる欲動という古くからの案内人をもはや失ってしまったのである。──彼らは今や思考し、推理し、計算し、原因と結果を組み合わせるしかなくなった。この不幸な者たちは、「意識」というきわめて貧しく、現実を把握し損ないつづける器官に依存するしかなくなったのである！　地上において、かつてこれほどまでに惨めな感情は、これほどまでに重苦しい不快感はなかったのではないだろうか。──しかもかつての本能が、要求をつきつけるのをやめたことは、一度としてなかったのだ！　問題なのは、こうした要求を満たすのは困難であり、ほとんど不可能だったことである。結局、こうした昔ながらの本能は、地下に潜りながら新たな満足を求めざるをえなかったのである。

外部に捌け口をみいだすことのできなかったすべての本能は、内部に向けられる——これがわたしが人間の内面化と呼ぶものである。こうした人間のうちで、後に「魂」と呼ばれるものが育っていった。この内面の世界のすべては、当初は二枚の皮膚のあいだにはさまれた薄いものだったが、人間の外部への発散が阻害されることが多くなるとともに次第に分化し、膨れあがり、やがて深さと広さと高さを獲得していったのである。

国家の組織は、人間の原初的な自由の本能に対抗するために、恐るべき防壁を築きあげたのだったが——刑罰はこうした防壁の一つにすぎない——、こうした防壁が人間にもたらしたのは、野性的で、自由で、漂泊する人間のすべての本能が向きを変えて、人間そのものに刃向かうようになることだった。敵意も、残酷さも、迫害し、襲撃し、変革し、破壊することの快感も、——すべてがこうした本能の持ち主へと向きを変えたのだった。これこそが「疚しい良心」の起源なのだ。

人間はいまや、自分の外部に敵も抵抗するものもないために、押し潰すような習俗の狭苦しさと規則のうちに閉じ込められ、それに我慢できず、みずからを引き裂き、迫害し、歯を立て、追い回し、乱暴に扱うようになる。自分を閉じ込める檻の格子に身をぶつけて傷つくこの獣を、人々は「飼いならそう」というのである。この欠乏に苦しむ者、故郷の荒野への郷愁のためにやつれた者、みずからを冒険と拷問の場所に、不安に満ちた危険な荒野にせざるをえなかった者、——この愚か者、望郷の思いに苦しめられ、絶望したこの囚人が、「疚しい良心」の発明者になったのである。

　しかしこの発明とともに、もっとも不気味で重篤な病が発生したのだった。人間は今日までこの病が恢復していないのだが、これは人間が人間であることに、自己自身に苦しむという病である。人間は獣としての過去から暴力的に引き離され、新たな状況と存在条件のもとに、飛躍的に突進していった結果として、この病に罹《かか》ったのである。人間はそれまで自分の力と快感と恐ろしさを本能に依拠していたというのに、この本能に宣戦布告をしたのである。ここですぐにつけ加えておく必要がある。この動物の魂は、みずからに背を向け、みずからの敵の仲間となったのだが、そのためにある新しいもの、深いもの、前代未聞のもの、謎めいたもの、矛盾したもの、そして豊かな未来をもつものが地上に現れたのであり、こうして地上の光景が根本的に変動してしまったのである。

　実際にこの〈芝居〉の面白さを味わうためには、このようにして始まり、その幕切れがどのようなものとなるかもわからない〈芝居〉を味わうためには、神のような観客が必要だろう。——この芝居はあまりに繊細であり、あまりにすばらしく、あまりに逆説的なのであり、ごくつまらない星の上で演じられたのでは、無意味なものと見過ごされてしまいかねないのだ！ 人間はそれからというもの、ヘラクレイトスの「大いなる子供」[33]が、あるいはゼウスや偶然が遊ぶ賭けの一つに、もっとも予想外で人を興奮させる賭けの一つになったのだ。——人間は、人間への興味を、ある種の緊張を、期待を、ほとんど確信に近いものを呼び覚ますようになった。あたかも人間の存在が、何かを告知し、何かを準備するかのように。あたかも人間は目的などではなく、「どこかへいたる」道のようなもの、一つの意想外の出来事、一本の橋、一つの大いなる約束であるかのように……。

一七 「疚しい良心」の起源、再論

疚しい良心の起源についてのこうした仮説にとって第一の前提となるのは、さきに述べた変動が段階的なものでも、自由意志で行われたものでもなく、さらにある有機体が新たな条件で成長したために発生したものでもなく、むしろ一つの決裂、飛躍として、一つの強制として、避けようのない一つの宿命として発生したということ、そしてこれに抵抗する闘いも、ルサンチマンも存在しなかったということである。第二の前提となるのは、それまで妨げられることもなく、未定型なままに存在していた住民たちを、「国家のような」一つの固定した形式にはめ込むには、最初に暴力的な過程が必要であったように、これを最終的に仕上げるためにも純粋な暴力的な過程が必要だったということである――だからここで仮説の前提となっているのは、もっとも古い「国家」は恐るべき暴政として、顧慮することもなしに押し潰す機械装置として登場し、そのようなものとして働き続けたこと、そして民衆と半ば獣のような人間たちは最終的にこねあげられ、従順な存在とされただけでなく、形まで与えられたということである。

わたしはここで「国家」という語を使ったが、それが何を意味しているかは自明のことだろう――金髪の肉食獣の群れであり、征服者かつ支配者である種族のことだ。彼らは戦闘団体を編成し、組織する力をそなえていた。そして数では圧倒するほどに多数だが、まだ未定形で、放浪する住民たちに、恐るべき前肢の爪を情け容赦なく突き立てたのである。このようにして、地上で「国家」というものが始まったのだ。国家が「契約」によって始まったなどという夢想は、すでに終わっているとわたしは思う。命令することができる者、本性からして「支配者」である者、仕事においても物腰においても暴力的な存在として現れる者――こうした者にとって「契約」にどのような意味があるというのか！

このような者には、計算によって対処することはできない。彼らは宿命のようにやってくる。理由もなく、理性もなく、顧慮もなく、口実もなく、ただそこにやってくる。雷鳴が鳴り響くように。彼らはあまりにも恐るべきものであり、あまりにも唐突に現れ、あまりにも確信をもっており、あまりにも「異質」であるために、憎むことすらできないのだ。彼らの営みは、本能的に形式を作りだすこと、形式を刻み込むことである。彼らは存在するかぎりでもっとも天衣無縫で、もっとも無意識的な芸術家である。――要するに、彼らが姿を現すところには、何か新しいものが現れる。それは生きている支配形式であり、この支配形式においては、さまざまな部分と機能がそれぞれ境界を定められ、関係づけられているので、全体に照らして「意味」をもたないようなものは、そこに占める場所をもたないのである。

彼ら、この生まれながらの組織者は、〈負い目〉とは何か、〈責任〉とは何か、〈顧慮〉とは何かを知らない。彼らのうちでは、かの恐るべき芸術家のエゴイズムが支配していて、鉱石のような輝きを発している。そして母親が子供のうちに自分の営みの成果をみいだすように、自分の「作品」のうちで、永遠にみずからの営みが正当な成果と認められるのを知っているのである。「疚しい良心」が成長したのは、彼らのうちにおいてではないことは、自明なことだろう。──しかしこの疚しい良心という醜悪な植物は、彼らなしでは育つことはなかっただろう。もしも彼らが振るうハンマーの圧力のもとで、彼らの芸術家としての暴力の圧力のもとで、恐るべき量の自由が世界から、あるいは少なくとも目に見えるかぎりの場所から片づけられ、同時に潜在的なものとされていなかったならば、疚しい良心は発生しなかったはずなのだ。このようにして自由の本能は暴力的に潜在的なものとされたのだ──これはすでに確認したことである──、押し戻され、内攻し、内面という牢獄に幽閉され、最後にはみずからに向かってしか爆発し、発散することができなくなった自由の本能。これこそが、これだけが疚しい良心の始まりなのだ。

一八　非利己的なものの起源

この現象は全体として何よりも醜悪であり、わたしたちに苦痛をもたらすものだが、それだからといって軽視してはならない。根本的にこの現象は、かの暴力的な芸術家・組織者たちにおいて強く働いていた能動的な力、国家を建設した能動的な力と同じものなのである。ただしこの力がここでは内側を向いて、小さくなり、ちっぽけなものとなり、後ろ向きになり、ゲーテの言葉を借りれば「胸の奥の迷宮」の中で、疚しい良心を作りだし、消極的な理想を構築していたのだ。しかしこの力はじつは、かの自由の本能（すなわちわたしの言葉では力への意志）にほかならない。ただしこの力の形成的で暴力的な性格が発揮される素材に違いがあるだけだ。この素材は人間であり、人間の動物的な古い自我であり、――かの大規模で顕著な現象とは異なり、他人としての人間、他人としての人間たちではないところが違うだけなのだ。

この秘めやかな自己への暴力、この芸術家の残酷さ、重く、反抗的で、苦悩する自己という素材に一つの形式を与えようとする快感、自己に一つの意志を、一つの批判を、一つの矛盾を、一つの軽蔑を、一つの否定を刻印しようとするこの快感、好んでみずからと分裂しようとする魂、みずからを苦しめることの快楽に苦しむ魂の不気味で、恐るべき悦楽に満ちた仕事、この能動的な「疚しい良心」のすべての仕事こそが——すぐに理解できるように——、さまざまな理想的な出来事や想像的な出来事のほんらいの母胎であり、数えきれないほどの異様な美と肯定を生み出し、おそらく初めて美そのものを生みだしたのである……。

もしも美と矛盾したものが最初からみずからを意識しているのでなければ、もしも醜悪なものが最初から「わたしは醜い」と言っているのでなければ、「美」とはそもそもどんなものだろうか?……少なくともこのようなヒントを示しておけば、自己の滅却とか自己否定とか自己犠牲といった矛盾した概念のうちに、どれほどまでに理想や美が暗黙のうちに存在しているかという謎は、それほど謎めいたものではなくなることだろう。そしてすぐに理解できることが一つあるが——わたしはそのことに疑問を感じていない——、それは無私の人、自己を否定する人、自己を犠牲にする人が、最初から感じていた悦楽とは、そもそもどのようなものかということである。この悦楽は残酷さにつきものの快感なのだ。——道徳的な価値としての「非利己的なもの」

にはどのような起源があるかについて述べるのは、そしてその価値が育ってきた土壌を探査するのは、さしあたりこのくらいにしておこう。疚しい良心と、自己の虐待の意志があって、初めて非利己的なものの価値の前提が生まれたのである。——

一九 〈負い目〉の起源

疚しい良心というのは、一つの病気であり、そのことに疑問の余地はない。しかし病気だというのも、妊娠が一つの病気であるのと同じ意味においてである。この病気が、その恐るべき頂点、もっとも崇高な頂点に到達するために必要だった条件とはどのようなものか、そのことを調べてみよう。——そうすればこの病気とともに、世界にそもそもどのようなものが入り込むようになったのかが分かるだろう。しかしそのためには根気が必要である。——そしてわたしたちはまずひとたびは、かつての「売り手と買い手の」観点に戻る必要があるのだ。

すでに、民法における債権者と債務者の関係について長々と語ってきたが、この関係が歴史的にみてもまったく懸念すべき奇妙な形で、解釈され直したのである。それはわたしたち現代人にはおそらくきわめて理解しにくい関係、すなわち現代人とその祖先との関係においてである。原始的な種族社会の内部では──太古の時代のことだが──、生存している世代はつねに前の世代に、とくにごく初期の、種族の基礎を築いた世代にたいして、ある法的な義務を感じるものである（これはたんに感情的な責務ではない。人類が長いあいだ存続するためには、こうした責務が感情的なものとなることを否定することはできないだろうが）。

ここで支配的な力を発揮しているのは、みずからの種族は祖先の犠牲と働きの力だけによって存続しているのだという確信であり、──これにはみずからの犠牲と働きによって返礼しなければならないという確信である。こうして人は一つの負い目を認めたのであるが、この祖先は強力な霊として存在し続けていることが感じられ、その力によって新しい世代に新たな利益と「利益の」〈前貸し〉を与え続けていることが感じられるだけに、祖先へのこの負い目はますます大きくなってゆくのである。しかし「こうした恩恵は」無償で与えられるのだろうか？　そもそもかの粗野で「魂の貧しい」時代には、無償なものはありえなかったのだ。それでは何を代償として支払うことができるのだろうか。それは犠牲であり（当初はごく粗雑な意味で食べ物だった）、祝祭であり、礼拝堂であり、崇拝であり、とくに服従であった——というのはすべての習俗は、祖先が作りだしたものであり、祖先の指令や命令に等しいものだったからだ——。それに十分な代償を支払っているだろうか？ この疑いは決して消えることがなく、つねに大きくなりつづける。そしてときおり、巨額の一括払いを強いられることになる。これは「債権者」にたいする恐るべき負債の償却とでもいうべきものである（たとえば悪名高い初子の犠牲であり、血であり、つねに人間の血だった）。

祖先と祖先のもつ力にたいする恐怖と、祖先に負っている負債の意識は、こうした論理にしたがって、種族の力が強まるとともに、種族がますます勝利を収め、独立し、尊敬され、恐れられるようになるとともに、それと正確に比例して、ますます強くなるのである。決してその逆ではないのだ！ だから種族の力を弱めるすべての措置は、すべての悲惨な事故は、頽廃と解体の始まりを告げるすべての兆候は、その種族を創設した人々の霊にたいする恐怖を弱めるのであり、祖先の賢さと先見の明、祖先の力の現存にたいする軽視をもたらすのである。

この乱暴な論理がどのような帰結に到達するかを想像してみよう。結局はもっとも力の強い種族の祖先は、恐怖の幻想が強まるにつれて、法外な存在にまで成長し、神的な不気味さと想像を絶する闇の中に押し込められるに違いない。——最後に祖先は神に姿を変えるようになるのは必然である。おそらくここに神々の起源がある。それは恐怖から生まれたのだ！……この主張に、「しかし神は敬虔からも生まれるのだ」とつけ加える必要があると考えるような人には、人類が過ごしてきたもっとも長い時代、すなわちあの原初の時代について、その言い分を通すことはできないだろう。

そして高貴な世代が形成された中間の時代についても、言い分を通すのはさらに困難だろう——この種族は実際に、彼らを生みだした祖先に（英雄や神々に）、彼らのうちで顕著になってきた特異な特性、すなわち高貴な特性のすべてを、利子をつけて払い戻したのだった。神々がどのようにして貴族的に、高貴な存在になったのかについては（もちろんこの段階では神々は神聖なものとはされていない）、後に一瞥するつもりである。ここでは、この負い目についての意識がどのように発展していったか、一応は最後までたどってみることにしたい。

二〇　キリスト教と〈負い目〉の感情

　これまでの歴史が教えているように、神に〈負い目〉を負っているという意識は、「共同体」という血縁の組織形式が衰退した後にも、決して消滅したわけではない。人類は「良い」と「悪い」という概念を（そして位階を定めるという心理的に根本的な傾向を）、種族としての貴族からうけついだのだが、それと同じように、種族的な神と血族の神を相続し、まだ負債を返していないという重荷と、どうにかしてそれを返済したいという願いも相続したのである（この相続の過渡的な状態を示すのが、広範にみられるあの奴隷と従属民の階層であり、強制されたからか、服従して模倣したからかを問わず、主人たちの神崇拝をうけついだのである。そして彼らを経由して、この遺産はすべての方向に広まっていったのだった）。

　神にたいする〈負い目〉の感情は数千年にわたって強まりつづけた。しかも地上において神の概念と神への感情が成長し、高揚するに応じて、ますます強くなっていったのである（異教徒との闘争、勝利、和解、融合のすべての歴史が、すべての民族的要素の位階が最終的に決定されて、あの大いなる人種の総合にいたるまでのすべての出来事が、これらの民族の神々の系譜の混乱に現れている。こうした出来事はこれらの神々の争いと勝利と和解の伝説にも姿を示しているのである。世界国家の実現に向かう道は、つねに世界神に向かう道でもある。独立した貴族階級が支配権を握っている専制体制が生まれるところではつねに、何らかの一神教が生まれるものである）。

　こうして、これまでに登場した神のうちでも最高の神であるキリスト教の神が登場したために、地上において最高度の〈負い目〉の感情が生まれることになった。ここで仮に、わたしたちがその正反対の方向に進んでいたと想定しよう。そうすれば、キリスト教の神にたいする信仰がたえず弱まっていることから考えて、人間の負い目の意識は著しく減少していたはずだということは、かなり確実に指摘できることである。もしも無神論が完全に最終的な勝利を収めたとすれば、人類がみずからの端緒であるもの［神］に、かの第一原因に、負い目を負っているというこの感情からすべて解放されるかもしれないのである。無神論とある種の第二の無垢［負債のないこと］とはたがいに結びついているのである。——

二一　キリスト教の神と人類の負債

　これまでごく手短に、そして概略的にではあるが、「負い目」や「義務」という概念と、宗教的な前提がどのように結びついているかを述べてきた。ただしこれらの概念が、ほんらいの意味でどのように道徳化されているかについては、これまで述べるのをわざと控えてきた（すなわち、これらの概念を良心のもとに押し戻すこと、具体的には、疚しい良心と神の概念の錯綜した結びつきを考察することは、控えてきたのである）。それどころか前の節では、こうした道徳化が存在しないかのように、わたしたちの「債権者」である神にたいする信仰という前提が崩壊したならば、こうした概念は消滅せざるをえないかのように語ってきた。しかし事実は恐ろしいほどに、それとは正反対の方向に向かっているのである。〈負い目〉と義務という概念が道徳化されるとともに、これらの概念が疚しい良心のもとに押し戻されることによって、実際にはすでに述べた方向を逆転させることが、少なくともその進展を停止させることが試みられているのである。こうして今や、このように「人類が負い目の感情から」最終的に解放される見込みはないという悲観的な結論を下さざるをえないのであり、鉄のように堅い不可能性に直面して、まなざしは絶望的に跳ね返され、はじき返されざるをえないのであり、あの「負い目」と「義務」という概念は今では後ろ向きにならざるをえないのである。——それでは誰に向かうのだろうか？

疑問の余地はない。まず「負債を負う者」に向かうのだ。こうして債務者のうちに疚しい良心がしっかりと根を下ろし、食い込み、広がり、ポリープのように広く、深く成長し、ついには負い目が解消できないがために、罪も償えなくなり、贖罪の不可能性（永遠の罪）という思想に凝縮されるようになる——。そしてこの二つの概念は最終的には「債権者」にも向かうことになる。これについては、人類の第一原因であり人類の始祖である人物のことを、今では呪いをかけられている人類の祖先のことを考えてみてほしい（「アダム」「原罪」「意志の自由の否定」）。あるいはそもそも人間がそこから生まれてきた母なる自然に、今では悪の原理が想定されていることを考えてほしい（「悪魔としての自然」）。あるいは、「人間の」存在そのものがそれ自体で無価値なものとして放置されていることを考えてほしい（ニヒリズムのように、人間の存在に背を向け、虚無を渇望し、人間とは「反対のあり方をするもの」を、他なる存在を渇望すること。仏教や類似の教え）――こうしてわたしたちはキリスト教の天才的な一撃の前に、逆説的であると同時に驚くべき逃げ道の前に立ち尽くすのである。責めさいなまれた人類はこの逃げ道を前にして、しばしの安らぎを手にすることができた。この逃げ道とは、神が人間の負い目のためにみずからを犠牲にしたとか、神が人間の負い目をみずから払い戻したとか、人間がみずから払い戻すことができなくなったものを払い戻すことができるのは神だけであるとか、主張する教えである――債権者がみずからを、債務者のために犠牲にする、それも愛から（しかしそんなことが信じられるだろうか？――）、自分に負債を負う者への愛から、みずからを犠牲にするというのだ！……

二二　神と〈疚しい良心〉

こうした状況において、そしてこうした状況のもとで、いったいどのようなことが起きているかは、すでにお分かりのことと思う。内面的な存在になり、みずからのうちに追い込まれた動物である人間、飼いならす目的で「国家」のうちに監禁された動物である人間は、自己を拷問しようとする意志をもち、残酷さをみずからに向け直したのだった。〈苦しめようとする意志〉にはいかなる自然な抜け道もふさがっていたために、人間は自分を苦しめんがために疚しい良心というものを発明したのである。——この疚しい良心の人間は、みずからに向けた拷問を、忌まわしいまでに過酷で鋭いものとするために、宗教的な前提を活用したのだった。それは人間が神にたいして負債があるという考えである。この思想は人間を拷問にかけるための道具になったのだった。

人間はみずからに固有の動物的な本能から解き放たれることができないがために、その究極の反対物として「神」というものを考えだしたのである。そしてこの動物的な本能そのものを、神にたいする負い目「罪」として解釈したのだった（この本能のために、人間は「主」に、「父」に、世界の始祖であり端緒である者に、敵対し、叛乱を起こし、暴動を起こしたというのである）。人間は「神」と「悪魔」との矛盾の空間のうちにある。人間は人間みずからに、自己の本性と自然性と実際のありかたのすべてを否定し、その否定の言葉から一つの肯定を［すなわち否定されるべき自己の対極としての神を］自分の外に投射するのである。自分には否定的だったものが、存在し、生き、現実である者、神となる。こうして神の聖性、神の審判、神による処刑、彼岸、永遠、終わりなき拷問、地獄、罪と罰の計り知れなさといった概念が生まれたのである。

これは魂の残酷さから生まれたある種の意志の錯乱であり、まったく比類のないものである。人間の意志は、自分が有罪であり、罪を償うことができないほどに呪われた存在であると考える。人間の意志は、みずから罰せられながらも、自分の罪を償うことのできるような罰はないと考える。人間の意志は、あらゆる事物の根底まで、罪と罰という問題で汚染し、毒しておきながら、この「固定観念」の迷路から抜けだす道を完全に断ち切ろうと考える。人間の意志は、一つの理想——「聖なる神」という理想だ——を確立しておいて、その理想の前では自分が絶対に無価値な存在であることをどこまでも確実なものとしようとする。

おお、なんと悲しげで狂った動物だろうか、この人間というものは！　行為において野獣であることをわずかに妨げられたからとて、人間は何ということを思いつくことだろう、何という自然に反すること、何という愚行の発作を、何という観念の野獣性を、直ちに爆発させることだろう！……これらのすべてはきわめて興味深いことだが、暗く陰鬱で、滅入《めい》るような悲哀に満ちていることから考えて、この深淵をあまり長いあいだ覗《のぞ》き込むのは、どうしても禁じなければならない。ここにあるのは病気である。これは、これまで人間を襲った病のうちでも、もっとも恐ろしい病であることに、疑問の余地はない。――そしてこの拷問と不条理の夜のうちに、愛の叫びをまだ聞くことのできる者は（しかし現在では人々はそのための耳を失ってしまったのだ！）、憧れるような狂喜の叫びを、愛における救済の叫びが響き渡っていることをまだ聞き分けることのできる者は、抑えることのできない戦慄に捉えられて、顔を背けるのだ……。人間のうちにはこれほどまでに多くの恐ろしいものが潜んでいるのだ！……この大地はかくも長きあいだ、狂者のための病院だったのだ！……

二三　キリスト教の神とギリシアの神

「神聖な神」の起源についてはこのくらいで十分だろう。――そもそも神々の観念そのものは、このような頽廃的な空想につながる必然性はないということ（それでもわたしたちはつい一瞬のあいだ、こうした空想を思いうかべざるをえないのだが）、そして神々を創造する方法に（ヨーロッパがこの数千年をかけてその手腕を示してくれたのは、人間がみずからを凌辱し、十字架にかかるという方法だったが）もっと高貴な方法があるのだということは――それは幸いにも、ギリシアの神々を一瞥するだけで理解できることである。ギリシアの神々は、自主独立した高貴な人間の姿を写しだしたものであり、人間のうちなる獣はこうした神々の姿のうちにおいて、みずからを神と感じたのである。人間のうちなる獣がみずからを引き裂くことはなかったし、みずからにたいして荒れ狂うこともなかったのだ！

古代のギリシア人たちは、まさしくわが身から「疚しい良心」を遠ざけるために、そして魂の自由をいつまでも楽しむために、神々をずっと利用していたのである。キリスト教がその神を利用した方法とは、まったく向きが逆だったのである。あのギリシア人、いわば獅子のような勇気をもつ華麗な〈子供〉であるギリシア人たちは、そこで極端に走ったのだった。そしてギリシア人がこの点にかんしてあまりにも軽率にも〈行き過ぎる〉のではないかと警告するには、ホメロスのうたったゼウスの権威が必要だったのである。ゼウスはかつて――この行き過ぎがきわめて深刻なものだったアイギストスについて、「何たることか！」と次のように嘆いたのだった。

やれやれ、一体まあ何として人間どもは神たちに責をきせるのか、
災禍はみな、わしらのせいで起るのだという、ところが実《まこと》は、
自分ら自身の道に外《はず》れた所業ゆえ、定めを超えて難儀をするのに。(34)

しかしこれを読んで確認できることがある。それは「人間の営みを」オリュンポスの高みから目撃し、審判しているゼウスは、「人間がこのように考えるからといって」人間に不快を感じたり、悪意を抱いたりはしていないということである。ゼウスは死すべき人間たちの悪行について「何と愚かしいことか！」と考える。——「愚かさ」「無分別」、そしてわずかな「頭の混乱」、もっとも強力で勇敢だった頃のギリシア人たちも、さまざまな凶事や災難の原因として、これらのものを許容していたのである。——罪ではなく、愚かさなのだ、君たちにはそれが理解できるだろうか？……ただし頭の混乱というのも、一つの問題だった——「どうしてそんなことがありうるのか、そもそもどこからそんなものがやってきたというのか、われわれのように、高貴な素性の人間、幸福で、出来がよく、最高の社会に属する人間、気高く徳の高い人間たちの頭に？」。——数世紀のあいだ、高貴なギリシア人たちは、同胞のギリシア人

たちが犯した理解しがたく残酷で非道な行為を眺めて、そう自問したものだった。そして彼らはついに頭を振りながら「神が頭を狂わせたに違いない」と独語したのである……。この逃げ道は、ギリシア人に典型的なものだった……。その頃は神々は、人間がなした悪事についてなんとか言い訳をするために役立ったのだ。神々は悪の原因として役立ったのである——当時の神々は、「キリスト教の神のように」みずからに罰をひきうけたのではなく、もっと高貴なこと、すなわち罪をひきうけたのだ……。

二四　未来の人間の到来

——ごらんのように、わたしは三つの疑問符をつけて、この論文を終えることにする。「これはそもそも、一つの理想を作りだすものなのか、それとも一つの理想を壊すものなのか？」と尋ねられるかもしれない……。しかし君たちは、地上でどのような理想を作りだすとしても、それにどれほどの代価を支払わねばならなかったのか、十分に考えをめぐらせたことがあるのだろうか？　どれほど現実がそのために中傷され、誤認されねばならなかっただろうか、どれほどの嘘が聖なるものとされねばならなかっただろうか、どれほどの良心がかき乱され、そのたびごとにどれほどの「神」が犠牲に捧げられねばならなかっただろうか？

　一つの神殿が建立されうるためには、一つの神殿が破壊されなければならない。これが掟なのだ――この掟が実現されない場合があるというなら、ぜひ見せてほしいものだ！……わたしたち現代人は、数千年にわたる良心の生体解剖の相続人であり、自己にたいする動物虐待の相続人である。この営みについてはわたしたちは長年、習練を積んでいるのだ。ここでわたしたちは芸術家としての手腕を発揮しているのかもしれない。いずれにしてもわたしたちはこれについては洗練されているのであり、ぜいたくに慣れた趣味の良さがあるのだ。

　人間はあまりにも長いあいだ、自分の自然な性向を「意地の悪いまなざし」で眺めることに慣れてきたので、今ではこの自然な性向が「疚しい良心」と姉妹になっているほどなのだ。しかしほんらいはこれとは反対の試みだってできたはずなのだ。――しかしそれを試みるだけの強い人間はいるだろうか？――この反対の試みとは、〈疚しい良心〉と人間の不自然な性向に、姉妹関係を結ばせることだ。すなわち、彼岸にたいするすべての願望、官能を否定し、本能を否定し、自然を否定し、動物的なものを否定したいと願う渇望、すなわちこれまでのすべての理想、生に敵対するすべての理想と、世界を否定するすべての理想にこそ、〈疚しい良心〉を結びつけることもできたはずなのだ。しかし現在、いったい誰に、このような希望と願いを向けることができようか？……

このときわたしたちが対決しなければならないのは、まさに善き人々なのである。それだけではない。もちろん穏やかな人々、協調的な人々、誇り高い人々、夢想家、疲労した人々とも対決しなければならないのだ……。わたしたちがみずからを厳しく高邁な姿勢で処していることを理解させることほど、他人を深く傷つけ、他人を根本的に遠ざけるものがあるだろうか？　そして反対に──わたしたちが他のすべての人々と同じようにふるまえば、他のすべての人々と同じように「成り行きまかせ」にすれば、すべての人々は何とわたしたちを歓迎し、厚遇してくれることだろうか！……

かの目標に到達するためには、現代という時代においてはありえないような別の種類の精神が必要なのだ。その精神は、戦争と勝利によって鍛えられている精神であり、征服と冒険と危険と苦痛を必要不可欠なものとしている精神であり、厳しい高地の空気に、冬のあいだの放浪に、あらゆる意味での氷と山岳に慣れ親しんだ精神である。ある種の崇高な悪意すら必要であり、自負心に満ちた認識の究極の気紛れすら必要なのだ（これは大いなる健康さを示すものなのだ）。要するに一言で言えば、この大いなる健康さが必要とされているのだ！……しかしこれが今日そもそも可能なのだろうか？……

しかしいつの日にか、みずからに懐疑的なこの腐敗した現代よりも強壮な時代が到来すれば、あの者が、大いなる愛と軽蔑を抱いた救済する人間がきっと訪れることだろう。遠隔の地から、彼岸から、みずからの衝迫の力によって駆り立てられてくるあの創造的な精神が訪れるだろう。民衆は彼の孤独を現実からの逃走でもあるかのように誤解するだろうが――、じつはこれは現実への沈潜であり、掘り下げであり、深まりである。こうして彼が現実からふたたび光のもとに戻ってくるときには、この現実に救済をもたらすのだ。これまでの理想が現実にもたらした呪いから、現実を救済するのである。

この未来の人間、この者はこれまでの理想からわたしたちを救済してくれるだろう。しかしそれだけではなく、わたしたちをこれまでの理想そのものから生まれざるをえなかったものから、すなわち大いなる吐き気と、虚無への意志と、ニヒリズムから、救済してくれるのである。こうして正午の鐘が、大いなる決定の鐘が鳴り響き、これが意志をふたたび自由にしてくれ、大地にはその目標をとりもどさせ、人間にはその希望をとりもどさせるのだ。この反キリスト者、反ニヒリスト、神と虚無を克服する者――この者はいつか訪れざるをえないのだ……。

二五　ツァラトゥストラへ

――しかしわたしはここで何を語ろうとしているのか？　もう十分だ！　十分なのだ！　ここでわたしがなすべきことはただ一つ、すなわち沈黙することだ。口を開けば、わたしよりも若い者、「より未来なる者」、より強い者だけに許されていることに、手出しをすることになるだろう。――ツァラトゥストラだけに、神なき者だけに許されていることに……。

第三論文　禁欲の理想の意味するもの

冷ややかに、あざ笑うがごとくに、暴力的に——

かくあれと智恵はわれらに教える。智恵は女なのだ

智恵は戦士だけを愛する

（『ツァラトゥストラかく語りき』）

一　禁欲という理想の意味

禁欲という理想は何を意味するのだろうか？　――芸術家にとってはこのような理想は何も意味しないか、あるいはあまりに多くの意味をもつことだろう。哲学者や学者にとっては高い精神性を実現するために好ましい前提を嗅ぎ分ける嗅覚や本能のようなものだろう。女性にとっては、せいぜいのところ［男を］もっと誘惑しようとする愛らしさであり、美しい身体にあらわれたいくらかの女っぽさであり、愛らしい太り肉《じし》な動物に漂う天使らしさのようなものだろう。この理想は、生理的にできの悪い人間や調子っぱずれの人間にとっては（すなわち死すべき人間の大多数にとってはということだ）、この世界で生きるには自分が「あまりに善良で」ありすぎると思わせんがためのもの、聖なる放埒の一つの形式であり、ゆっくりと訪れる苦痛や倦怠と闘うための主要な武器だろう。司牧者にとってはそれは、司牧者にふさわしい信仰であり、権力を振るう最高の手段であり、権力を掌握することを許す「至高の」是認であろう。そして最後に聖者にとっては、冬眠するための口実であり、最後の欲望としての名誉欲であり、虚無（「神」）における安らぎであり、錯乱の形式であろう。

しかし禁欲の理想が人間にこれほど多くのことを意味するということのうちに、人間が意志するものだという根本的な事実が、人間の〈真空への恐怖《ホロル・ウァクイ》〉があらわに示されているのである。人間の意志は一つの目標を必要とするものだということ、——何も意欲しないよりは、虚無を意欲することを望むものだということである。——わたしの言いたいことが理解していただけるだろうか？……伝わっただろうか？　先生、まったくわかりません！　——では最初から始めることにしよう。

二　貞節と官能——ヴァーグナーの場合

禁欲の理想とは何を意味するのだろうか。——この問題を考えるために、わたしがよく助言を求められた一つの実例をあげてみよう。たとえばリヒャルト・ヴァーグナーのような芸術家が晩年になって、貞節の誓いを立てたとするならば、それは何を意味しているのだろうか？　もちろんある意味では彼はずっと貞節を守っていたのだ。しかし［性的な］禁欲としての貞節を誓ったのは、晩年になってからのことである。このように［貞節という言葉の］「意味」が変わったこと、この根本的な意味のずれは、いったい何を語るものだろうか。——これによってヴァーグナーは、それまでの自分と反対の人間に転化したのである。

一人の芸術家がかつての自分とは正反対の人間へと変わってしまうというのは、何を意味するのだろうか？　……この問題をしばらく検討してみようとして、すぐに思いだすことがある。それはヴァーグナーの生涯のうちでおそらく最善の時期、彼がもっとも強壮で、快活で、勇敢だった頃のことである。彼が心の底で、『ルターの婚礼』の作曲に沈潜していた頃だ。わたしたちが現在手にしているのが、この婚礼の曲ではなく、『マイスタージンガー』であるということに、いったいどのような偶然が作用したのか、誰が理解することができようか？　『マイスタージンガー』のうちに、『ルターの婚礼』の余韻がどれほどまでに響いているものだろうか？

しかし『ルターの婚礼』の曲の主題も、貞節の称賛だったのは疑問の余地のないことである。しかしそれは同時に官能を賛美する曲でもあっただろう。――ただしわたしにはそれでよかったのだと感じられる。これこそ「ヴァーグナー的」とでもいうべきものではないか。というのも貞節と官能性は必然的に対立すべきものではないからである。すべてのよき結婚、すべてのほんらいの意味での心からの情愛は、このような対立を超えているからである。ヴァーグナーが、優美で勇敢なルター楽劇によって、ドイツ人の心情に、この喜ばしい事実を訴えることができていたら、どんなにか良かったことだろう。ドイツ人のうちには、官能を中傷するような人々は、いつでもたくさんいるわけだし、これまでもいたからである。そしてルターの最大の功績は、彼が自分の官能性を認める勇気をもっていたことだろう（――当時はこの官能性は、「福音的な自由」と穏やかに表現されていたのだが……）。

それに貞節と官能の対立が存在するような場合にも、幸いなことにそれはまだずっと悲劇的な対立となる必要はなかったのである。少なくとも、「獣と天使」のあいだで不安定なバランスをとらねばならないからといって、自分の生を否定すべきだとは考えない人々、出来がよくて活気のあるすべての人々について、このことが指摘できるのである。――ゲーテにせよ、ハーフィズにせよ、(35) ごく繊細で晴朗な人々であれば、こうしたことにこそ、より強い生の魅力があると考えたのだ……。そのような矛盾こそ、生へと誘うものなのである。

他方では、不幸な豚どもが貞節を崇拝するような状況に追い込まれると——こうした豚どもはたしかに存在するのだ！——、貞節のうちにみずからの反対物を、不幸な豚どもの反対物をみいだして、それを崇拝するようになるというのは、あまりにも自明なことである——おお、なんと悲壮なわめき声と熱心さで、そうすることだろう！考えてみればわかることだ。——そしてこの痛ましくも余分な反対物を、リヒャルト・ヴァーグナーが晩年になって音楽で表現し、舞台で演じさせようと考えたのは疑いえないところである。しかしいったい何のためなのか？　と、尋ねてしかるべきだろう。そもそもヴァーグナーにとって、わたしたちにとって、豚どもが何のかかわりがあるというのか？——

三　晩年のヴァーグナーの変節

ここで別の問いを問わざるをえなくなる。ヴァーグナーには、あの男らしい（ああ、あれほどまでに男らしくない）「田舎の素朴な人間」が、いったいどんなかかわりがあるというのだろうか。ヴァーグナーのいかがわしい手腕によって、ついにカトリック教徒にされてしまう、あの哀れな自然児のパルジファルが。――何だって？　あの『パルジファル』でヴァーグナーは真面目だったというのか？　その反対を推測したい気持ちに、その反対であることを願いたい気持ちにすらなるだろう。――ヴァーグナーの『パルジファル』は、もっと陽気な劇として考えられていたのではないか、最終章の劇として、サテュロス劇として考えられていたのではないか[36]、この劇によって悲劇作家のヴァーグナーは、いかにも彼らしいやり方で、わたしたちに、自分に、何よりも悲劇に別れを告げようとしていたのではないか、と考えたくなるのである。すなわち悲劇性そのものに別れを告げるために、過去から現在にいたるまで地上で演じられた戦慄すべき厳粛さと悲痛のすべてに別れを告げるために、禁欲的な理想のうちに含まれる自然に反したもっとも粗野な形式に別れを告げるために（この形式はやっと克服されたばかりなのだ）、ヴァーグナーは度をすごした最高の悪ふざけのパロディーで対抗したのではないかと、考えたくなるのである。

すでに指摘したように、それこそは偉大な悲劇作家にまさにふさわしいことだったと言えよう。それというのもすべての芸術家と同じように、悲劇作家がその偉大さの頂点を極めるのは、自分自身と自分の作品を眼下に見下ろすことができるようになったとき、――自分自身を嘲笑することができるようになったときのことだからである。はたして『パルジファル』は、ヴァーグナーが自分自身を見下ろしながらもらした、ひそかな優越の笑いだったただろうか、芸術家として勝ちとった最後にして最高の自由、芸術家としての最高の超越性の凱歌だったただろうか？　すでに述べたように、そうだったことを願いたいものである。というのも真面目になったパルジファルとは、そもそもどのようなものでありえただろうか？　パルジファルのうちに、「認識と、精神と、官能性への狂ったような憎悪の産物」（これはわたしに反対する人が述べた評言だ）をみいだす必要があるのだろうか？　そこには憎悪の産物のなかで感性と精神が一息のうちに呪われていると考えるべきなのだろうか？　ヴァーグナーが改宗して、キリスト教の病的で蒙昧主義的な理想に回帰したと考えるべきなのだろうか？　そして最後に、これまで自分の意志の全力をあげて、それと正反対のものを、すなわちみずからの芸術の最高の精神化と官能化を目指してきた一人の芸術家が、みずからを否認し、みずからを抹殺しようとしているのだと考えるべきなのだろうか？　そしてここで否認され、抹殺されるのは彼の芸術だけではなく、彼の生そのものでもあるのだ。

かつてヴァーグナーがどれほどまで感激して、哲学者フォイエルバッハの思索の跡を追っていたかを思いだしてほしい。フォイエルバッハは「健康な官能性」について語ったものだが――この言葉は一八三〇年代から四〇年代にかけて、ヴァーグナーだけでなく、ドイツの多くの人々(――「青年ドイツ派」と自称していた人々)にとっても、救済の言葉のように響いたものだった。ヴァーグナーはついに考えを変えてしまったのだろうか? というのも、彼はそのことについて人々の考えを変えさせようとする意志をもっていたようにみえるからだ……。彼はそのために舞台から『パルジファル』の喇叭《ラッパ》を吹き下ろしただけではなかった。――彼が晩年に発表した陰鬱で、ぎこちなく、途方にくれたような著作には、その数百か所において、みずからのひそかな願いと意志が、怯《ひる》んだような、不確かで、明言しにくい意志が、漏らされているのである。この意志は何よりも、帰順を、改宗を、否認を、キリスト教を、中世の好ましさを説教しながら、それでいて自分の弟子たちに向かって、「これは取るにたらぬものだ! 救いはほかを探すとよい!」と語っているのである。それだけではなく、「救済者の血」すら、こい願っているのだ……。

四　芸術家の過ち

苦痛なものをさまざまに含むこうした事例について――これはいかにも典型的な事例なのだ――、わたしの意見を述べておきたい。芸術家をその作品からできるだけ切り離して考えること、芸術家という人間を彼の作品と同じように真面目にとらないことは、たしかにもっともよい方法である。芸術家なるものは結局のところ、彼が作りだす作品の前提条件であり、母胎であり、土壌であるにすぎない。ときによっては、作品がそこから成長してくる肥料であり、糞尿であるにすぎない。――だから多くの場合には、作品そのものを享受しようとするときには、忘れねばならないものなのである。

ある作品の起源を洞察しようとするのは、精神の生理学者や生体解剖学者の仕事であり、美学的な人間や芸術家の仕事では決してないのだ！『パルジファル』の作者、この作品の形成者にとっては、中世の人間の魂のもつ対比的《コントラスト》な要素にまで分け入り、そこに住み着くという営みが不可欠なものだった（それは深く、徹底的で、恐ろしい営みだったのだ)。さらに精神のあらゆる高さと厳しさと規律に敵意をもって背を向けて、ある種の知的な倒錯(このような言葉をお許しいただきたい)に耽《ふけ》ることが、不可欠なものだったのだ。それは妊娠した女性が、妊娠につきものの吐き気や違和感を避けることができないのと同じことなのだ。こうした症状は、すでに指摘したように、子供の誕生を喜ぶためには、忘れることが必要なのである。

芸術家が陥りやすい錯覚があるが、これはイギリス人が言うところの心理的な「隣接性」のもたらす錯覚、芸術家が描きだし、考えだし、表現したものが、自分自身であるかのように思い始めるときに陥る錯覚であり、これには注意が必要なのだ。実際に、もしも芸術家が自分の描くような人物だったとしたら、そんな人物を描きだしたり、構想したり、表現したりはしなかっただろう。ホメロスがみずからアキレウスのような人物であったなら、ゲーテがみずからファウストのような人物であったならば、ホメロスはアキレウスのような人物を造型しなかっただろうし、ゲーテはファウストのような人物を造型しなかっただろう。

完全無欠な芸術家というものは、現実とも「リアルなもの」とも永遠に断絶しているのである。他方で芸術家は、自分の内奥の存在がこのように永遠に「リアルでない」ものであり、まやかしであることに、絶望するほどに飽きてしまうことがある——そのときに芸術家はきっと、自分には堅く禁じられた「現実的なもの」に手をだして、リアルなものになろうとすることだろう。それはどのような結果になるだろうか？　すぐに理解できることだろう。……これは芸術家に典型的にみられる空しい願望なのだ。老いたヴァーグナーもこの空しい願望にとりつかれて、きわめて高価な、そして宿命的な代価を支払わざるをえなかったのである（——そして貴重な友人たちを失ったのだ）。

　こうした空しい願望は別として、ヴァーグナーがもっと別のやり方で、わたしたちと自分の芸術作品に別れを告げることを望んでいたならばと、彼自身のためにも願わないでいられる人はいるだろうか？　あの『パルジファル』によってではなく、もっと勝ち誇り、自信に満ちたヴァーグナーらしいやり方で、——みずからのすべての意欲について、あまり惑うことなく、あまり曖昧でもなく、あまりショーペンハウアー的でもなく、あまりニヒリズム的でないやり方で別れを告げていたならば……。

五　ヴァーグナーの変貌

——それでは禁欲的な理想とは何を意味するのだろうか？　芸術家の場合には、まったくの無意味！　であることが明らかになったわけである。あるいはそれがあまりに多くのことを意味するから何も意味しないのと同じことになる！　と言ってもよいかもしれない。……わたしたちは芸術家たちのことは無視しようではないか。芸術家たちはこの世界において、あるいはこの世界に抵抗して、独立しているとは言い難いのであり、彼らの価値評価や、その変化そのものが、人々の関心を集めるまでにはなっていないのだ！

　芸術家たちはいつの時代にも、ある道徳や哲学や宗教に仕える僕《しもべ》だった。残念ながら芸術家たちが、自分たちのご贔屓《ひいき》や保護者にたいして、たやすく追従《ついしょう》者になることがあまりに多かったこと、旧来の勢力者や新興の勢力者を巧みに嗅ぎ分けて、おべっかを使うことがあまりに多かったことは別としてもである。少なくとも彼らはつねに〈防塁〉や〈後ろ盾〉として役立つ、既成の権威のようなものを必要とするのだ。

芸術家たちは自立することはないし、独立していることは彼らの深い本能に反することなのである。

たとえばリヒャルト・ヴァーグナーは「ふさわしい時期が来ると」、哲学者のショーペンハウアーを自分の前衛として、〈防塁〉として利用した。——ショーペンハウアーの哲学はヴァーグナーにとって〈後ろ盾〉となったのであり、一八七〇年代のヨーロッパにおいて優勢となっていたショーペンハウアーの権威なしで、ヴァーグナーが禁欲的な理想を掲げる勇気をもてたなどと、考えられるだろうか？ （この新しいドイツにおいて、敬虔で、帝国に忠誠な思想という〈ミルク〉を飲んで育たずに、はたして芸術家になることが可能だったのかは、これまで問題とされてこなかったのだ）

——こうしてわたしたちは深刻な問題に直面することになる。もしも本物の哲学者が禁欲的な理想を堅持するようになったとしたら、それは何を意味するかという問題である。ショーペンハウアーのようにほんとうに独立した精神が、みずから勇気をもち、独立することを知っていて、「〈防塁〉としての」前衛を必要とせず、上からの指示を待つ必要もないような男が、強靭なまなざしをもつ騎士が、禁欲的な理想を堅持するとしたら？

――ここでわたしたちは、芸術にたいするショーペンハウアーの注目すべき姿勢について考えてみよう。この姿勢は多くの人々にとって魅力的なものだったのである。そしてヴァーグナーがショーペンハウアーの哲学にさしあたり乗り換えたのも、この姿勢のためだったのは明らかである（ある詩人、すなわちヘルヴェークに説得されて、ショーペンハウアーのもとに奔《はし》ったのは周知のことだ）[37]。そしてそのために、ヴァーグナーの初期の美学の考え方と、後期の美学の考え方のあいだに、理論的にみて完全な矛盾が生まれることになったのだった――初期の美学理論は『歌劇《オペラ》と戯曲《ドラマ》』に表現されているし、後期の美学理論は一八七〇年以降に発表された著作に表現されている。とくにヴァーグナーはこの時期に、音楽そのものの価値と位置についての自説を、まったく遠慮なしに変えてしまったのであり、これが多くの人々に怪訝な気持ちを抱かせたのである。それまでは［自説を変更するまでは］ヴァーグナーは音楽を一つの手段として、媒体として考えていた。音楽は「女」のようなものであり、それが栄えるためには、どうしても目的として一人の〈男〉を、――すなわち戯曲《ドラマ》を必要とすると考えていたのだが、そんなことはどうでもよくなったのだ！　ヴァーグナーは突如として悟ったのである。ショーペンハウアーの理論と革新によれば、――すなわちショーペンハウアーが理解したような音楽の至高性の理論こそが、〈音楽の名誉をさらに大きなものとするために〉大きな寄与をなしうるのだと。音楽は他のすべての芸術とは異なり、それだけで独立した芸術である。音楽は、現象の世界の模像を提供する芸術ではなく、意志そのものの言葉を、「深淵」からじかに語りだすものである。音楽は意志のもっとも独自で、根源的で、端的な啓示にほかならないとされたのだ。

このようにショーペンハウアーの哲学は、音楽の価値を著しく高めると思えたのであり、これによって音楽家の価値も一挙にかつてないほどに高まることになった。音楽家は今では神託を語る者であり、祭司である。いや、むしろ祭司以上の者であり、物「それ自体」がある意味でみずから語りだす〈口〉のようなもの、彼岸からの〈電話〉のようなものとなったのである。――音楽は、音楽を語るだけではなく、神の腹話術師となったのであり、――形而上学を語るようになったのだ。そう考えると、音楽家がいつの日か、禁欲的な理想について語り始めたところで、意外なことと言えるだろうか？……。

六　ショーペンハウアーと美の効用

ショーペンハウアーは、美学の問題についてのカントの見解を利用した――もっともショーペンハウアーは美学の問題をカントの視点から眺めたわけではなかったが。カントは芸術に敬意を表するためには、美について語られている概念のうちでも、認識にとって名誉となる概念を優先し、これに焦点を当てればよいと考えていた。すなわち個人的な好みを否定し、普遍的に妥当する美という概念を重視したのである。

これが根本的に間違いでなかったかどうかは、ここで問題にすべきではない。ここで強調しておきたいのは、カントが他のすべての哲学者たちと同じように、美学の問題を芸術家の経験から(すなわち創作者の経験から)考察せずに、「観察者」の立場だけから、芸術と美について考察したということである。そのためにカントは意図せずに、「美」の概念そのもののうちに「観察者」を持ち込んでしまったのである。しかし美の哲学者［としてのカント］のうちで、この「観察者」の概念が十分に認識されていればよかったのだが！――すなわち「観察者」の経験というのは、個人的な事実であり、経験であるということ、美の領域における独自の強烈な体験と、欲望と、驚愕と、歓喜を伴うものであることが認識されていればよかったのだが！

しかしいつでもその正反対のことが起きているのではないかと思わざるをえないのだ。美学の問題を考案する哲学者たちは初めから美についてさまざまな定義を示しているのだが、どれもカントの美の定義にみられるように、精緻な自己経験の欠如が、太った蛆虫のように、根本的な誤謬として住み着いているような定義なのだ。カントは「美とは個人的な関心なしで気に入るものである」と定義したのだ(38)。個人的な関心なしに！　この定義を、本物の「観察者」であり、芸術家でもあった人物、――すなわちスタンダールの定義と比較されたい。スタンダールはかつて美のことを「幸福の約束」と呼んだのだった(39)。こちらの定義では、カントが美的な状態について提起した唯一の点、すなわち個人的な関心の排除が否定され、払拭されているのである。

カントとスタンダール、どちらが正しいのだろうか？――もちろんわれらが美学者たちは、カントの肩をもって、美の魔力のもとであれば、一糸まとわぬ女性の裸体像ですら、個人的な関心なしに眺めることができると説いて倦《う》むことがないのである。おかげでわたしたちは彼らの苦労をあわれんで笑ってやることすらできるというものだ。――芸術家たちの経験はこの微妙な問題については「もっと興味深い「関心のある」ものである。いずれにしてもピュグマリオンは「美的な関心のない人間」ではなかったのである。[40]

それだけにわたしたちは、こうした議論にみられる美学者たちの罪のなさを、よい方に解釈すべきなのであり、触覚の特質について田舎の牧師のような素朴さで語ることができたことは、カントの名誉と考えることにしようではないか！[41]――ところでショーペンハウアーに戻るならば、彼はカントよりも芸術について深く理解していたが、それでもカントの定義の呪縛から逃れることはできなかったのだ。これはどうしてだろうか？　この状況は非常に奇妙なものである。ショーペンハウアーは「個人的な関心なしに」という語を、きわめて個人的な形で、自分の経験に基づいて解釈したのであるが、この経験はショーペンハウアーにとってはごく普通のものだったに違いない。

ショーペンハウアーが語ったわずかなことのうちで、美的な観照の働きについて語ったことほど、確信をもって語られたものはほかにない。彼は美的な観照は、性的な意味での個人的な関心を抑える働きをする、それは「鎮静剤の」ルプリンが、「刺激剤の」カンフルの働きを抑えるのと同じであると主張する。ショーペンハウアーは、このような方法で「意志」から解脱できることが、美的な状態の何よりも重要な利点であり、効用であることを称揚して倦むことがなかったのである。

「意志と表象」についてのショーペンハウアーの根本思想、「表象」の力によってしか「意志」から救済されることはないという思想が、この性的な経験を一般化したところから生まれたのではないかと、尋ねてみたくなるのも無理のないことだ（ついでに指摘しておくと、ショーペンハウアーの哲学にかかわるすべての問題は、これが二六歳の青年が構想したものだということ、そしてショーペンハウアー個人に固有の経験だけでなく、人生のこの年頃に固有の要素も加わっていることを忘れてはならないのである）。

いまその一例としてショーペンハウアーが美的な状態を称賛して語っている無数の文章のうちから（『意志と表象としての世界』第一巻、二三一ページ）、もっとも表現力に富んでいる部分を引用しよう。そして次のように語られる言葉の調子と、苦悩と、幸福と、感謝の気持ちを聞き取ることにしよう。「それこそエピクロスが最高善として、また神々の状態として賞賛したあの苦痛のない状態なのである。それというのもわれわれはその瞬間、意志の卑しい切迫を免れており、意欲という刑務所での労働の安息日を祝い、イクシオンの車輪も停止するからである」[42]……。何という言葉の激しさだろう！ 倦怠と長き苦悩の何という描写だろう！「その瞬間」と、それ以外の「イクシオンの車輪」や「意欲という刑務所」や「意志の卑しい切迫」が、病理学的な時間の像として対比されているではないか！

――しかし彼の語ることが、ショーペンハウアー自身にとってどれほどまでに正しいとしても、それが美の本質を洞察するために、ごくわずかでも貢献するだろうか？ ショーペンハウアーは美の効果について、すなわち意志を沈静させるという効果があることを記述している。――しかしそれは通常の効果なのだろうか？ スタンダールは、ショーペンハウアーに劣らずに官能的だが、もっと幸福な性質をそなえていた人物であり、すでに指摘したように、美にはもっと別の効果があると語っていた。「美とは幸福を約束するものである」と言っていたのだ。スタンダールにとっては、美が意志を（「個人的な関心を」）興奮させるのは事実と思えたのである。

だからわたしたちはショーペンハウアーその人に抗して、次のような異議を唱えることができるのではないだろうか。すなわちショーペンハウアーがみずからをカント派の哲学者と自任したのは、まったく正しくないのではないか、カントの美の定義を、カント的な意味ではまったく理解していないのではないだろうか。――ショーペンハウアーにとって美が快いのは、ある種の「関心」によるものであり、それは強烈で個人的な関心ではないのだろうか。つまり拷問されている者が、拷問から逃れたいという関心によるものではないだろうか？　……そしてわたしたちの最初の問いに戻るとしよう、「ある哲学者が禁欲的な理想を堅持するならば、それは何を意味するのか？」という問いに。――するとわたしたちは少なくとも最初のヒントを手にいれることになる。その哲学者は拷問から逃れようと望んでいるのだ。

七　哲学者と禁欲的な理想

この「拷問」という言葉を耳にしたからといって、暗鬱な表情を浮かべたりしないようにしよう。拷問をうけないですむ理由が、これを差し引いて考えるべき理由があるのだ。――笑ってしかるべきものすらあるのだ。ショーペンハウアーはたしかに性的な問題《セクシュアリティ》を個人的な〈敵〉とみなしていた（その〈道具〉である女性、この〈悪魔の道具〉を含めて）。しかし彼が上機嫌でありつづけるためには、この〈敵たち〉を必要としたことを軽く考えてはならない。彼は怒りに満ちた言葉、胆汁質で暗い言葉を好んだこと、情念に駆られて、怒るために怒ったこと、もしもショーペンハウアーに〈敵〉がおらず、ヘーゲルもおらず、女も官能もなく、存在し、生存しつづけるいかなる意志もなかったならば、きっと病気になっていただろうし、ペシミストになっていただろうということも、軽く考えてはならないのだ（――ショーペンハウアーがどれほどペシミストでありたかったにせよ、彼はペシミストではなかったのである）。

　こうしたものがなかったならば、ショーペンハウアーは生き延びていられなかっただろうし、人生に別れを告げていただろう――、これは賭けてもいいくらいだ。彼の〈敵たち〉が彼をこの世に引きとめたのだし、彼の〈敵たち〉が繰り返し生存へと誘惑したのである。古代のキュニコス派と同じように、ショーペンハウアーの憤怒は彼の清涼剤であり、気晴らしであり、報酬であり、吐き気を防ぐ薬であり、幸福でもあったのだ。ショーペンハウアーの個人的な問題については、このぐらいにしておくが、彼のうちにはある類型的なものがみられるのもたしかである。――ここでわたしたちは自分の問題に戻ることになる。

　地上に哲学者というものが存在するかぎり、そして哲学者というものが存在していたところではどこでも（哲学というものの天分の両極を示すならば、インドからイギリスにいたるまで）、哲学者たちが官能にたいして苛立ちを示していること、官能に憤慨していることは、疑問の余地のないところである――ショーペンハウアーはとくにこうした反感を顕著に表現しただけであり、聞く耳のある者が聞けば、こうした反感をもっとも情熱的に、そして感動的に爆発させたものなのである――。ところで禁欲的な理想の全体にたいして、哲学者に固有の偏愛と情愛というものがみられること、これもごまかしようのないことである。この二つの［反対の］事実がともに存在するということは、すでに指摘したように、類型的なものなのである。この両方を兼ね備えていない哲学者というものがいるとするならば、――たしかなことだが――それは「まやかしの」哲学者なのだ。

しかしこれは何を意味するのか？　わたしたちはまずこの事実を解釈しなければならないのだ。この事実はすべての「物自体」の概念と同じように、事実それ自体として、愚かしく、永遠に存在しているからだ。すべての動物というものは、したがって哲学者という動物も、自分の力が最大限に発揮でき、自分に力があるという感情が最大限に感得できる好ましい最適な条件を求めて、本能的に努力するものである。またすべての動物は同じように本能的に、「すべての理性よりも卓越した」鋭い嗅覚の力で、この最適な条件を実現する道を塞ぐか、塞ぐ可能性のあるすべての邪魔者や障害物を忌み嫌うものである（——この最適な条件への道は「幸福」への道ではない。これはその者の権力への道であり、行為への道であり、力強い行動への道であり、実際には多くの場合、不幸にいたる道である）。

このようにして哲学者たちは結婚を、そして結婚せよと促すすべてのものを忌み嫌うのである。——哲学者にとっては結婚は、最善なものにいたる道を塞ぐ障害であり、妨害物なのである。これまで結婚していた偉大な哲学者など、そもそも存在したことがあるだろうか？　ヘラクレイトス、プラトン、デカルト、スピノザ、ライプニッツ、カント、ショーペンハウアー——彼らは結婚しなかった。それどころか、彼らが結婚しているところなど、想像すらできない。結婚した哲学者などは喜劇の登場人物だ、これがわたしの信条である。例外はあのソクラテスだが——悪意に満ちたソクラテスは、まさにこの信条の正しさを証明するために、イロニーとして結婚したかのようである。

哲学者であれば誰でも、息子が誕生したと告げられたときに仏陀が語ったのと同じことを言うだろう。「わたしにラーフラが生まれた、わたしに首枷がかけられた」と（ラーフラという語は、「小さな悪魔」を意味する）。すべての「自由な精神をもつ者」であれば、しばらくぼんやりと思索することもない時間を過ごしていたとしても、やがて仏陀と同じような省察に満ちた時間が訪れるに違いない。――仏陀は一人で考えた。「在家の生活は狭苦しい。ここは不浄の場所である。自由は出家にある」と。「彼はこう考えて、出家した」(43)。

禁欲的な理想には、独立不羈にいたる多数の〈橋〉が示されている。それだからこそ哲学者たるものは、ある日、決意を固めて、自由を妨げるすべてのものを否定し、どこかの荒野に向かって旅立った人々の物語を聞くにつけて、心からの喜びと拍手をもって迎えざるをえないのである――こうした決意を固めた者が、たんなる頑固者であったり、本物の強壮な精神の反対物にすぎなかったりするとしてもである。

そうだとすると、哲学者において禁欲的な理想は何を意味するのだろうか？　わたしの答えは――とっくに予測できたことだろうが――哲学者はこの理想を一瞥すると、そこにきわめて勇敢な精神性の最適な条件をみいだしてほほ笑むのだ、というものだ。――哲学者はそこにおいて「生存」を否定するようなことはない。そこにみずからの生存を、むしろみずからの生存だけを肯定するのである。そしてこの肯定は、次のような法外な願望にまで高まるのだ。「世界は滅ぶとも、哲学は行われよ。哲学者よ生きよ、われもも生きよ！」……

八　美と官能性

こうした哲学者たちが、禁欲的な理想の価値に関しては、清廉な証人でも裁き手でもないことは理解できるだろう！　哲学者たちは自分のことを考えているのだ。——彼らに「聖者」など、どんなかかわりがあろうか！　彼らは自分たちにとって必要不可欠なものについて考えているだけなのだ。強制や攪乱や騒音からの自由、仕事や義務や配慮からの自由、頭脳の明朗さ、思考の舞踊や跳躍や飛翔のことを考えているのだ。よい大気のことを、高地の大気のように、稀薄で、澄んでいて、自由で、乾いている大気のことを、すべての動物的な存在が精神的なものとなり、〈翼〉が生えてくるような大気のことを考えているのだ。哲学者たちはすべての地下世界の落ち着きのある状態を、すべての犬がおとなしく鎖につながれていて、敵意のこもった吠え声や、怒り狂った憤怒の声がしない状態を、傷ついた名誉欲という虫に嚙みつかれることのない状態を必要とするのだ。心の内奥は慎ましく、従順であり、挽臼《ひきうす》のように勤勉に働くが、人々とは遠いところにいることが必要なのだ。心はどこかよそよそしく、彼岸にあり、未来をながめ、死後の生のことを考えている。――彼らが考える禁欲的な理想とは、神のごとくなって翼が生えた動物、生のうちで安らぐよりもむしろ生の上を飛翔する動物がもつような明朗な禁欲的な理想のことなのである。

禁欲的な理想の三つの重要な〈飾り言葉〉はよく知られている。それは清貧、謙譲、貞節である。だから偉大で、生産的で、独創的な精神をもつ人々の生き方を間近でじっくりと観察してみていただきたい。――するとこの三つの〈飾り言葉〉が、いつもある程度はみつけられることが分かるだろう。自明なことなのだが、それでいてこれらがこうした人々の「徳」であったりすることはないのだ。――こうした人々には、徳などかかわりのないことなのだ！――むしろこれらは、彼らの最善の存在と、最高に美しい生産性をもたらすために必要な、もっとも固有で、もっとも自然な条件なのだ。

その際に彼らが、感じやすく手に負えない自尊心や勝手きままな官能性を抑えるために、克己的な精神性を発揮しなければならなかったこと、そして贅沢なものや最高級品を好む傾向や、浪費に寛容な気持ちを抑えるために、彼らの克己的な精神がその「荒野」への意志を堅持しようと苦労したことは、十分に考えられることである。しかしこの精神性は、他のすべての本能にたいしてみずからの要求を貫徹する「自己」支配的な精神性として、この作業を実行したのであり、――いまでも実行しているのである。それを実行しないのであれば、「自己」支配的な者ではありえない。ここでは「徳」など、まったくかかわりがないのである。

それにわたしはかの荒野なるもの、強壮で、独立した精神が引き籠り、孤独のうちに生きるこの荒野なるものについて語ったが――おお、これは教養のある人々がみずからのものとして夢想する荒野と、いかにかけ離れたものだろうか！――場合によっては、教養のある人々そのものがこの荒野だったかもしれないのだ。確実なことは、精神のすべての俳優たちは、こうした場所にとどまっていることはできなかったということだ。――こうした荒野は、彼らのロマン主義を満足させるものでも、シリアの荒野に似たものでもなく、舞台にふさわしい荒野でもないからだ。たしかにこの舞台の荒野にも駱駝がいないわけではない。しかし本物の荒野と似ているのは、せいぜいそれくらいなのだ。

彼らにとっての「荒野」とは、気ままに身を晦《くら》ますこと、自己から逃避すること、騒音と尊敬と新聞と影響に気後れを感じること、ちょっとした地位について、明るみにでるよりもむしろ隠れることを目的として日常の生活を送ること、無害で朗らかな獣や鳥を飼っていて、こうした動物を眺めて楽しむこと、山を友とすること、しかも死んだ山ではなく、小さな目をもつ（すなわち湖のある）山を友とすること、ときには大衆向きの混んだ旅館の小さな一室に宿泊すること（ここでは人違いされるのは確実なので、誰と話しても咎められることがないのだ）――こういうものが、彼らの荒野なのだ。おお、何という寂しさだろう、どうか信じてほしいのだ！

ヘラクレイトスが巨大なアルテミスの神殿の開かれた中庭と列柱のうちに引き籠ったときには、この「荒野」はもっと威厳のあるものだったのはたしかだ(44)。それではわたしたちにこうした神殿が欠けているのはどうしてなのだろうか？（――もしかするとわたしたちにも、こうした神殿は欠けていないのかもしれない。わたしはサン・マルコ広場に面したわたしの美しい書斎のことを考えている。季節は春、時は午前一〇時から一二時まで）いずれにしてもヘラクレイトスが避けたのは、わたしたちがいま避けようとしているものと同じだった。すなわちエフェソスの人々の騒ぎと民主主義者たちの無駄話、彼らの政治、「帝国」（もちろんペルシアのことだ）についてのニュース、市場にでる「本日」のがらくた話を避けたのだ。——というのもわたしたち哲学者たちは、何よりも一つのもの、すなわち「今日」を避けた静けさが必要だからだ。

わたしたちは静寂と、冷厳さと、高貴なものと、かけ離れたものと、過ぎ去ったものを尊重するのだ。魂が目にしても、みずからを弁護する必要があると感じたり、胸を締めつけられるように感じたりしないすべてのものを、わたしたちは尊重するのだ——これは声高にではなく語ることができるものである。精神が語るときには、その精神のもつ響きだけに耳を傾けるがよい。すべての精神には固有の声の響きがあり、すべての精神はみずからの声の響きを愛するのだ。

たとえばあそこで語っているのは、扇動者に違いない。頭の空っぽな奴、中身のない壺のような奴だ。この壺の中に入っていったものはどれも、でてくるときには湿って、膨らんでいる。大きな空虚の残響で、重くなってしまうからだ。あそこにいる男はいつでもしわがれ声で話している。きっとしわがれ声で考えたのだろうか。そんなところだろう。——生理学者に尋ねるがよい——。しかし言葉で考える人は、演説者として考えているのであり、思想家として考えているのではない（彼は事柄そのものについて考えるのでも、事柄に即して考えるのでもなく、ただ事柄にかんして考えるだけだということを露呈しているのである。彼は自分と、自分の話を聞いている人々との関係について考えているだけなのだ）。それからそこにいる第三のやつは、話し方が厚かましい。わたしたちの身体に触れんばかりに近寄って話すので、息がかかるほどだ――わたしたちは知らず知らずに、自分の口を閉ざしてしまう。彼が書物を通じて話しかけるときでさえそうなのだ。文体の響きが、すでにその理由を示している――〈ああ時間がない、自分のことも信じきれない、それに今日でなければ、もう話す機会はない〉と考えているのだ。

　しかしみずからに信を置いている精神は、ひめやかに語るものだ。彼は隠れていることを求めているし、人を待たせるのだ。ある人が哲学者であるかどうかは、けばけばしくてうるさい三つのもの、すなわち名声と高位の人々と女性を避けているかどうかで見分けることができる。ただしこれらの三つのものが彼のもとを訪れることがないわけではない。ただ哲学者は、明るすぎる光を避けるものだ。だから自分の時代と、その「白昼」を避けるのだ。こうしたところでは哲学者は影のようなものだ。

日が沈むほどに、背丈が伸びるのだ。

「謙虚さ」について言えば、彼は暗闇に耐えるように、ある種の従属と落魄に耐える。さらに稲妻で心を驚かされることを恐れるし、一本の樹のように、孤立して見捨てられ、庇護なきままにあることを恐れる。この孤立した一本の樹には、あらゆる悪天候がその気紛れを発揮し、あらゆる気紛れがその悪天候をもたらすのである。彼には「母性本能」とでもいうものがあるが、これは自分のうちで育ってゆく子供へのひそかな愛情で、この本能のために彼は、自分自身のことは考えないですむような場所に置かれるのである。女性はその母性本能のために、これまで［男性に］依存した地位に置かれてきたが、それと同じことである。

これらの哲学者たちが要求することはごくわずかなことである。彼らのモットーは「所有する者は所有される」ということだ。――何度でも確認しておきたいのだが、これは一つの徳から生まれたものではない、持てるもので満足しようとか、簡素な生活をしようという称賛すべき意志から生まれたものではないのである。哲学者を支配する主人が、彼らに要求するところから、巧妙かつ仮借なく要求するところから生まれたのである。この主人はただ一つのことだけに心を砕いている。そして時間も、力も、愛も、関心も、ただこの一つのことだけに集め、蓄えているのだ。

この種の人間は、敵意によっても友情によっても、わずらわされることを嫌うものである。彼らはすぐに忘れるし、すぐに軽蔑する。そして殉教者になることは、すなわち「真理のために苦悩する」ことは、趣味の悪いことだと考えるのだ――こうしたことは、名誉心の強い人間に、〈精神の俳優〉とでもいうべき人々に、そのための時間をたっぷりもっている人々に任せておこうと考えるのである（――哲学者たちは、真理のためになすべき仕事があるのだ）。

彼らはおおげさな言葉をできるだけ使わないようにしている。「真理」という言葉ですら、大言壮語の響きがあるので使いたがらないほどだ。……最後に、哲学者たちに「貞節」というものがあるとしても、こうした精神の人々にとっての生産性とは、子供を生む営みとは明らかに違うところにあるのだ。彼らの名前がずっと忘れられないこと、そのささやかな不死性への願いも、子供を生む営みとは違うところにあるのだろう（古代インドでは哲学者たちのあいだでもっと露骨に語られていた。「みずからの魂が世界であるような存在にとって、子孫にどのような意味があろうか？」と）。

ここには禁欲によるためらいや、官能への憎悪から生まれた貞節のようなものはない。闘技者や競馬の騎手が身辺から女性を遠ざけても、それが貞節とかかわりがないのと同じことだ。むしろ彼らの支配的な本能が、大いなる懐妊の時期にあっては女性を遠ざけることを望むのだ。どんな芸術家でも、精神的な緊張と準備の期間にあっては、女性と共寝をすることがどれほど有害なことであるかは、熟知している。彼らのうちでもきわめて強く、きわめてしっかりした本能をもった者たちは、これを知るためにどんな経験も、いかなる悪しき経験も必要としない。――むしろ彼らの「母性」本能が働いて、彼らのうちで生まれようとしている作品に役立てるために、まだ残っている力、蓄えられている力の一切と動物的な生気の一切を、容赦なく利用しようとするのである。こうして大きな力が小さな力を消費するのである。

――ついでながら、すでに指摘したショーペンハウアーの事例をこの観点から解釈してみよう。ショーペンハウアーにおいては美を観照することが、明らかに自分の本性の主要な能力（すなわち洞察する力と見抜くまなざし）を解放するための刺激として役立ったのである。そしてこうした能力が爆発し、一挙に意識の〈支配者〉となったのだった。しかしだからといって、美を享受する状態に固有の甘さと豊かさが、「官能性」という要素から生まれたものであるという可能性が否定されるわけではない

（性的に成熟した少女たちの抱きがちな「理想主義」が、この官能性という要素から生まれるのと同じである）——だからショーペンハウアーの考えたように、美を享受する状態に入ったからといって、官能性が廃棄されるわけではないのである。たんにその面《おもて》を変えただけであり、性的な刺激として意識されなくなるだけである（この観点については別の機会にさらに考察したい。とくにこれまで考察されず、解明もされていない美学、の生理学という微妙な問題に関連して、考察するつもりである）。

九　哲学というヒュブリス

わたしたちは、ある種の禁欲主義、最高の意志による晴朗で厳しい欲望の抑制は、最高の精神性が実現されるための好ましい条件であり、その精神性のごく自然な帰結であることを確認してきた。だから哲学者たちが、禁欲的な理想をある種の「肯定的な」先入見をもって扱ったとしても不思議はないのである。そして歴史を真面目に調べてみれば、禁欲的な理想と哲学のあいだには、自然な絆どころか、さらにずっと緊密な絆が存在していることが明らかになるのである。哲学はこの禁欲の理想という導、きの糸にすがって、地上で最初の〈よちよち歩き〉を始めたと言えるほどである。——ああ、なんと下手な歩き方だろうか、ああ、なんというしかめ面、ああ、いまにも転げて、腹ばいになりそうな格好で、足の曲がったこの小さく、臆病で、よちよち歩きの甘やかされた子供よ！

哲学においても最初は、よきものとされているあらゆるものと同じようなありさまだった。——長いあいだ、自信をもてず、周囲をきょろきょろと見回しながら、誰か助けにきてくれないものかと探していた。それどころか、自分を眺めているすべての人々を恐れていたのだ。哲学者の衝動や徳の一つ一つを数えあげてみよう——何でも疑おうとする衝動、何でも否定しようとする衝動、ともかく待ってみようという（「抑制的な」）衝動、何でも分析しようとする衝動、何でも探求し、探し、敢えてやってみようとする衝動、何でも比較し、調整しようとする衝動、中立性と客観性を求める意志、「怒りも偏見もない《シネ・イラ・エト・ストゥディオ》」公平さへの意志——。これらのすべてがずっと長いあいだ、道徳と良心の第一の要請に逆らっていたことは、すでに理解されただろうか？——ルターが好んで「お利口夫人、お利口娼婦」と呼んでいた理性については触れないことにしておこう。哲学者がみずからを意識するようになったならば、自分が「禁断のものへの好み」を体現した人物だと感じざるをえないはずだということ、――だからこそ、「みずからを感じること」、自己を意識することに警戒の念を抱いたこともまた、理解されただろうか？……

すでに指摘したように、今ではよきものとされ、わたしたちが誇りに感じている多くのことでも事情は同じなのである。古代ギリシア人の基準からみても、わたしたち現代的な存在というものは、それが弱さでなく、力であり、力の意識であるかぎりでは、まったくの傲慢《ヒュブリス》であり、無神論なのだ。というのも、現在わたしたちが崇めているのと正反対のものこそが、長いあいだ良心を味方につけ、神をみずからの番人にしてきたからである。自然に向かうわたしたちの姿勢のすべては傲慢《ヒュブリス》である。機械を使って、自然への配慮のない技術者や工学技師の発明の助けを借りて、自然を制圧しようとすることはすべて傲慢《ヒュブリス》である。神にたいする姿勢も傲慢《ヒュブリス》である。因果律という大掛かりな仕掛け網の背後には、いわゆる目的や倫理という名の蜘蛛《くも》が潜んでいるが、これもまた傲慢《ヒュブリス》である。――わたしたちは、ルイ一一世と戦ったシャルル勇胆公のように、「我が輩は宇宙大の蜘蛛と戦う」と言ってもいいくらいだ――。わたしたちの自己への姿勢もまた傲慢《ヒュブリス》である。わたしたちは、どんな動物にも敢えてやろうとしない実験を、みずからに試みているからであり、自分の生ける身体に宿る魂に、好奇心から楽しそうにメスを入れているからである。こうなると、「魂の救済」などは吹き飛んでしまう！

わたしたちはいずれ自分で自分を救済するのだ。病気であるということは、学ぶことも多いものだ。健康であるよりも、多くのことを学ぶものだということを、わたしたちは疑わない。——いま必要なのは、治療してくれる人間や「救い主」のようなものであるよりも、病気にさせる者であるようだ。わたしたちは今では自分に暴力をふるっている。このことに疑問の余地はない。わたしたちは〈魂の胡桃《くるみ》割り〉なのだ。生きるということは、胡桃を割ることにほかならないのだ。わたしたちは問い掛け、問い掛けられるに値する存在である。だからこそわたしたちは日々、より問い掛ける者に、より問い掛けられるに値する者に、ならざるをえないのである。そのことによってこそ、——ますます生きるに値する者になりつつあるのではないだろうか？……

すべてのよきものはかつては悪しきものだった。わたしたちが遺産としてうけついだすべての徳は、どれもが原罪からうまれたものである。たとえば結婚というものはかつては、共同体の法にたいする侵犯とみられていた。一人の女性を自分だけで独占するという厚かましさにたいして、かつては罰金を支払っていたものである（たとえば初夜権がそうだし、今日でもカンボジアでは、「古き善き習俗」の守り手である僧侶に、この特権が認められている）。穏やかで、善意に満ち、譲歩し、同情深いといった感情は――後にはこうした感情の価値が高く評価されて、「価値そのもの」とまでみなされるようになったのだが――、非常に長い期間にわたって、みずからを貶めるような感情とみなされてきたのだった。現代の人々は冷酷さを恥とするが、かつてはそれと同じように温和さを恥じたものだった（『善悪の彼岸』断章二六〇を参照されたい）。

法に服従するということ。――おお、高貴なる種族が地上のいたるところで、復讐を諦めて、法の威力に服従することに、どれほどの良心の抵抗を感じただろうか！「法」とは長いあいだ、〈禁じられたもの〉、冒瀆的なもの、新奇な発明だった。法は暴力をもって現れ、暴力として現れた。これに服従することは、恥辱をもたらすものだったのだ。この地上のどのように小さな一歩でも、かつては精神的で肉体的な拷問のはてに戦いとられたのである。「ただ前進することだけではない。否！　いかなる歩行も、いかなる運動も、いかなる変化も、そのためには無数の殉教者を必要としたのだ」という観点は、現在ではきわめて異様なものに聞こえる――わたしは『曙光』

（断章一八）でこれを明らかにしておいた。

この書物でわたしは次のように書いている「現在ではわたしたちは人間の理性と自由の感情を誇りとしているが、そのほんのわずかですらこれほどに大きな代価をもって贖われたものはないのだ。そしてこの誇りのために、わたしたちはもはやきわめて長期間にわたって支配していた〈習俗の道徳性〉の時代に同感することは、ほとんどできなくなっている。この時代は、〈世界史〉に先立つ時代であり、これが人類の性格を確定する上では決定的な意味をもつ真の〈主要な歴史〉だったのである。この時代にはいかなるところでも、苦悩は徳として認められていた。残酷さも徳であり、偽装も徳であり、復讐も徳であり、理性を否定することも徳であった。反対に幸福は危険であることが認められていた。知識欲も危険であり、平和も危険であり、同情も危険であった。そして同情されることは侮辱されることであり、労働することも侮辱をもってみられた。狂気は神聖なものであり、変革することは、倫理に反すること、堕落をそのうちに含むものとみなされていたのだ！」と――。

一〇　哲学者の前身

『曙光』の断章四二で考察したのは、［沈思黙考する］観想的な人間のもっとも古い種族は、どのような評価のもとで、どのような評価の圧力のもとで生きねばならなかったかということだった。——彼らは恐れられることがないために、それだけ軽蔑されて生きていたのだ！　観想的な人間が初めてこの地上に現れたときには変装していて、両義的な外見を示していた。邪悪な心をもつ者であるとともに、しばしば不安に満ちた頭脳をそなえた者として登場したのだ。そのことに疑問の余地はない。観想的な人間は、その本能のうちに活動的でないもの、瞑想的なもの、戦闘を嫌うものを含んでいたために、長いあいだみずからの周囲に深い不信の念を醸《かも》しだしていた。［観想的な人間が］この不信の念に対抗するためには、自分にたいする明確な恐怖を呼び起こすしかなかったのだ。たとえば古代［インド］のバラモンたちはそのことをよく弁えていたのだ！

最古の哲学者たちは、自分の存在と現れに一つの意味、一つのよりどころと背景を与える方法を知っていたのであり、これによって人々は哲学者たちを恐れることを学んだのだった。しかしさらに詳しく考察してみると、これはもっと基本的な欲求から生まれたものであることが分かる。哲学者たちはみずから自己に恐れと畏怖をいだくことを望んでいたのである。というのも、哲学者たちは自分自身に反対するあらゆる価値判断をみずからのうちに発見したからだ。彼らは「みずからのうちの哲学者」に反対するあらゆる疑念と抵抗を克服しなければならなかったのである。そして彼らは恐るべき時代の人間として、恐るべき手段をもってこれを実行した。自己にたいする残酷さと、独創的な苦行によって、これを遂行したのだった——それは、力に飢えたこれらの隠遁者、これらの思想を革新する者たちが利用する主要な手段だった。彼らは、みずからの新しさを信じようとして、そのためにまず自分のうちの神々と伝統的な要素を克服しなければならなかった。

ここでわたしはヴィシュヴァミトラ王の有名な物語を思いだすのだ(45)。王は数千年にわたってみずからを過酷に苛みつづけた後に、そのような力の感情と自己への信頼を獲得し、ついには、新しい天界を建立することまで、試みたのである。この王こそが、地上における哲学者の最古の、そして最新の物語の不気味な象徴なのである。——かって「新しい天界」を建立した者は誰もが、そのための力をまずみずからの地獄のうちにみいだしたのである。……この事態の全体をごく短く要約してみよう。哲学的な精神はまず、それがそもそも存在しうるためには、すでに確立されている類型である観想的な人間として仮装し、そこからいわば虫のように変態しなければならなかった。そして次に司牧者として、魔術師として、占い師として、一般的には宗教的な人間の姿をとる必要があったのである。禁欲の理想は長いあいだ哲学者にとって、みずからが出現するための現れ方として、存在の前提条件として役立ってきたのである。――哲学者が哲学者でありうるためには、この禁欲の理想を表明することが必要であり、これを表明できるためには、この理想を信じることが必要だったのである。

哲学者に固有な特徴をあげるとすると、それはこの世を否定し、生に敵対的であり、官能を信用せず、官能を否定した超然的な態度をとることだろう。これはごく最近まで堅持されてきた姿勢であり、これが哲学的な態度そのものとまで、みなされるようになってきたのだ。――しかしこうした態度は何よりも、哲学がそもそも成立し、存続するために必要な一連の条件から生まれたものである。禁欲的な装いと見掛けなしでは、そして禁欲という自己への誤解なしでは、哲学はずっと長いあいだにわたって、地上にまったく存在しえなかったはずなのである。目に見えるように分かりやすく表現すると、禁欲的な司牧者はごく最近にいたるまで、嫌らしく陰気な毛虫の姿をとってきたのだが、哲学はこの毛虫の中でしか生きることも、這いずり回ることもできなかったのである……。

しかしこれは、「毛虫から蝶への」変態はほんとうに起きたのだろうか。この毛虫のうちに、五色の彩りの危険な蝶が、あの「精神」が宿っていたのであり、日当たりがよく、暖かで、明るい世界のおかげで、この精神はほんとうに修道服を脱いで、光のうちに飛びだしてくることができたのだろうか？　やっとのことで十分な矜持と、果敢さと、勇敢さと、自信と、精神の意志と、責任を負う意志と、意志の自由がそなわって、地上の真の意味でいまや「哲学者」が、──可能になったのだろうか？……

一一　禁欲的な司牧者と生の評価

いまやこうして禁欲的な司牧者を眼前にすることができたわけだから、わたしたちは「禁欲的な理想は何を意味するのか」という最初の問いに、正面から向き合うことができるようになった──今こそこの問いは、「真面目な」ものとなったのである。わたしたちはいまやほんらいの意味で真面目さの代表とでもいうものと向き合っているのである。「すべての真面目なものは何を意味しているか」──このさらに根本的な問いが、いまや問われようとしているのだろう。当然ながらこれは生理学者が解決すべき問題であり、わたしたちはここではこの問題には触れないでおこう。

禁欲的な司牧者が禁欲的な理想によって手にするのは、彼の信仰だけでなく、彼の意志であり、彼の力であり、彼の利害である。彼の生存の権利は、この理想とともに生まれ、この理想とともに失われるのである。だからもしもわたしたちがこの禁欲的な理想に反する者であるならば、禁欲的な司牧者が恐るべき〈敵〉としてわたしたちの前に現れるとしても、それは驚くべきことだろうか？　禁欲的な司牧者は、この理想を否定する者には、みずからの存在を賭して戦う〈敵〉として現れるのではないだろうか？……

他方では、そもそも「禁欲的な司牧者の、わたしたちに敵対するような」こうした姿勢がこの問題を解決するのに、とくに役立つことはあまりないだろう。禁欲的な司牧者が、自分の理想を巧みに弁護することは困難だろう。それは女性が「女性そのもの」を弁護しようとしても、うまくゆかないのと同じ理由からである。——ましてや禁欲的な司牧者が、ここで提起された議論のもっとも客観的な判定者となることも、裁定者となることもできない。だからわたしたちは、禁欲的な司牧者によって巧みに反駁されることを恐れるべきではない。むしろ彼らがわたしたちにたいしてみずからを巧みに弁護できるように手助けをすべきなのである——これはもはや自明なことである……。

ここで議論の対象となっている考え方は、禁欲的な司牧者がわたしたちの生をどのように評価するかということである。わたしたちの生を、そしてこの生を含む「自然」や「世界」、すなわち生成し、移ろいゆくすべての圏域を、生そのものに対立し、生を排除するような異質なあり方と対比して考えようとするのが、禁欲的な司牧者たちの方法なのだ。ただし生がみずからに刃向かうような場合、みずからを否定するような場合は例外であり、このような場合には、すなわち禁欲的な生の場合には、その生はこうした異質なあり方にいたる〈懸け橋〉とみなされるのである。

禁欲的な者は、みずからの生をあたかも間違って選んだ道であるかのようにみなす。正しく進むためには、結局は最初の出発点にまで引き返さねばならないと考えるのだ。

あるいは行為によって反論されるか、——反論されるべき一つの錯誤であるかのようにみなす。禁欲的な者は、他人が自分に同行することを要求するのであり、可能な場合には、存在についての彼の評価を他人にも強制するのだ。いったいこれは何を意味しているだろうか？

ただ、このような奇怪な評価方法は、人類の歴史のうちでは例外的なものではないし、奇妙なものでもない。きわめて広範で長期にみられる事実として記録されているのである。遠い天空からこれを解読したならば、わたしたちの地球における人間の生き方をはっきりと刻んだこの記録が誤解されて、次のような結論を導くかもしれない。すなわち地球はそもそも禁欲的な星なのだと。この星は、不満ばかりを抱き、高慢で、忌まわしい種族の住む僻地であり、この種族は自分自身についても、地球についても、一切の生についても、強い嫌悪感を退けることができず、自分に苦痛を与えることに楽しみを感じているために——おそらくそれがこの種族の唯一の楽しみなのだろう——、自分自身をできるかぎり苦しめているのだと考えるだろう。

ここで、禁欲的な司牧者たちが、どれほど規則的に、普遍的に、ほとんどいつの時代にも現れているかということの意味を、よく検討すべきだろう。禁欲的な司牧者はいずれかの種族に固有なものではない。どんなところでも繁茂するのだ。どんな身分からも生まれてくるのだ。禁欲的な司牧者は、自分の価値評価の方法を遺伝によって培養したり、増殖したりしたのではない。まさにその反対である。――むしろ概略的に言うならば、深い本能が彼らに、繁殖というものを禁じているのである。この生に敵対的な種族がつねに成長し、繁栄するということの背景には、最高度の必然性というものがあるに違いない。――このような自己矛盾した類型が死滅しないということは、生そのものの利益になることなのだろう。

というのも、禁欲的な生とは自己矛盾なのである。この生を支配しているのは比類のないルサンチマンである。これは生の一部として存在するものではなく、生そのものを支配しようとし、生のもっとも深く、強く、奥底にある条件を支配しようとする力への意志と、飽くことなき本能が抱くルサンチマンなのである。このルサンチマンが試みるのは、力の源泉を塞ぐために、力を活用することなのだ。ここでは生理学的に発達することそのもの、とりわけその発達の表現や美や喜びにたいして、意地の悪い青ざめたまなざしを注ぐのである。これとは反対に、出来損ない、萎縮、苦痛、事故、醜悪なもの、みずから作りだした毀損、自己の滅却、自己の懲罰、自己犠牲などにたいしては、喜びの感情をもって迎えるのであり、これを求めるのである。

これらはきわめて逆説的なことである。わたしたちがここで目撃しているのは一つの分裂であるが、この分裂はみずから分裂することを望んでいるのである。この分裂はその苦悩のうちに、みずからを享受しているのである。そしてこの分裂の大前提である生理学的な生の能力が減退すればするほどに、ますます自信に満ち、凱歌をあげるのである。「末期の苦悩において凱歌をあげる」、この最高の旗印のもとで、禁欲的な理想はずっと闘ってきたのである。禁欲的な理想はこの謎めいた誘惑のうちに、この恍惚と苦悩の像のうちに、そのもっとも明るい光を、その救済を、最後の勝利をみいだしたのである。十字架《クルクス》、胡桃《ヌクス》［秘められた生の核心］、光《ルクス》――この三つのものが禁欲的な理想では一つのものなのだ。――

一二　ありえない目

さて、このように矛盾と反自然そのものであるような意志が、もしも哲学するようになったと想定してみよう。そのときにはこの意志は、そのもっとも内奥に秘めた気紛れをどこで発揮するのだろうか？　この気紛れが発揮されるのは、もっとも真実であり、もっとも実在的であると考えられるものにおいてである。そしてほんらいの生の本能がもっとも無条件に真理とみなしているもののうちに誤謬を探しだすことになるだろう。この意志はたとえば肉体を、ヴェーダーンタ哲学の禁欲主義者たちと同じように、一つの幻想だと貶めるだろう。(46)苦痛も幻想であり、多様性も、「主観」と「客観」という対立概念の全体も、幻想として貶められることになる――誤謬だ、誤謬にしかすぎない！　と。

これは自分の自我《イッヒ》を信じることを拒み、みずからの「実在性」を否定するということであり――何という勝利だろうか！――、これはもはやたんに官能や見掛けにたいする勝利ではない、もっと高次な種類の勝利である。これは理性にたいする暴力であり、残酷さというものである。この勝利の喜びが頂点に達するのは、禁欲的な自己への軽蔑と理性の自己嘲笑がきわまって、次のように宣告するときである。「真理と「真なる」実在の王国というものは存在する。しかし理性はまさにこの王国から締めだされている！」……（ついでに指摘しておくと、カントが語った「事物の叡智的な特徴」という概念のうちにも、理性をもって理性と闘わせようとする淫らな禁欲主義の分裂の一片の残滓《ざんし》が感じられる。カントにとっては事物が「叡智的」な特徴をもつということは、事物の特徴について知性が把握できるのは、知性にはまったく理解できないものだけであるということを意味するものだったからである）。

――ただしわたしたち認識者は、［禁欲主義が］わたしたちの習慣となった遠近法と価値評価をこれほどまでに逆転してくれたことには、感謝せねばなるまい。こうした遠近法や価値評価のために精神は長いあいだ、あたかも狂ったかのように、みずからに無益な暴力を加えてきたのである。このような方法でもっと別の見方をすること、もっと別の見方をしようと望むことは、知性がいつか「客観性」に到達するための訓練として、準備として、決して無視できないものである。――ところでこの「客観性」というものを「利害関係なき直観」と理解してはならない（これは概念とは言えないものであり、矛盾したものである）。これは一つの能力であり、知性の賛否を意のままにすることができ、知性を働かせたり、知性が働くのをやめさせたりすることができる能力を意味するのである。それによって知性の遠近法と情動の解釈との違いを、認識のために利用できるようにする能力でもある。

わが哲学者諸君よ、これからは「純粋で、意志がなく、苦痛もなく、時間もない認識の主観」というものを作りだした古き危険な概念の虚構には、もっと警戒しようではないか。「純粋な理性」とか、「絶対的な精神性」とか、「認識そのもの」のような矛盾した概念の触手につかまることのないように、もっと警戒しようではないか。――こうした概念が要求するのは、まったく考えられないような目を考えることである。この目は、まったくいかなる方向にも向いておらず、解釈する能動的な力が阻害され、欠如している目である。このような能動的な力があってこそ、〈見る〉という行為が、〈何ものかを見る〉という営みになるのである。だからここで求められているのは目の概念に矛盾したもの、概念とは言えないものなのである。

ところが実際に行われているのは、一つの遠近法のもとで〈見る〉という行為だけなのであり、遠近法的な「認識」だけなのである。わたしたちがある事柄について、ますます多くの情動に語らせるほど、また同じ事柄にたいしてより多くの目を向け、さまざまな目を向けることができるほど、この事柄についてのわたしたちの「概念」は、その「客観性」は、それだけ完全なものとなるのである。しかし意志をまったく排除し、情動をまったく除去してしまったらどうなるだろう。わたしたちにそんなことができたとしたら、それは知性を去勢することになるのではないだろうか?……

一三　病める動物

さて本題に戻るとしよう。禁欲主義にはこのような自己矛盾が潜んでいるようだが、「生に抗う生」という［自己矛盾した］ものは心理学的に無意味であるだけでなく、生理学的にも無意味である――このことだけは明確なのだ。ところでこれが自己矛盾にみえるのは、見掛けだけのことにすぎない。この自己矛盾は、そのほんらいの性格が長いあいだ理解されず、かくかくしかじかのものとして表現できないものを仮初《かりそめ》に表現し、解釈し、定式化し、調整しようとしたもの、ある種の心理的な誤解のようなものだったのである。――人間の認識に昔から存在している一つの隙間を埋めるために使われた空語なのである。

事実を簡単に述べてみよう。禁欲的な理想なるものは、いかなる手段を使ってでも自己を保存しようとし、存在するために闘っている頽廃的な生の防衛本能と治癒本能から生まれたものなのである。このような理想が生まれてきたことは、この生のうちに、生理学的にみても部分的な障害があり、疲労がみられることを示す兆候である。

そしてこれにたいして生のもっとも深いところにある健全な本能は、絶えず新しい工夫と手段を利用して、こうした障害や疲労と闘っているのである。禁欲的な理想は、「本能が利用する」こうした手段の一つなのだ。だから事態はこの理想を崇める人々が考えているのとはまったく逆なのである。——この理想において、この理想を使って、生は死に抗して、死と闘っているのである。禁欲的な理想は、生を保存しようとする術策なのである。

人間の歴史が教えているのは、この理想が人間を支配して強力なものとなりえたということ、とくに人間の文明化と調教が実行されたところでは、どこでも強力なものとなったということであり、これは一つの大きな事実なのだ。すなわちこれまでの人間の類型、とくに従順になった人間には病的なものが存在しているということ、人間は生理学的な次元で死と闘っているということである（正確には、生の倦怠と、疲労と、「終末」への願望と闘っているということだ）。

禁欲的な司牧者は、もっと別の存在でありたい、もっと別の場所に存在したいという人間の願望を体現した存在であり、しかもこの願望が頂点に達した存在であり、この願望の情熱と激情の現れなのである。しかしこの願望の力そのものが、禁欲的な司牧者をこの世に縛りつける鎖となっているのだ。そしてこの力のために司牧者は、人間が人間としてこの世に生きることに好ましい条件を作りだすべく働く〈道具〉とならねばならないのである。――まさにこの力のためにこそ禁欲的な司牧者は、出来損ないの者たち、調子の狂った者たち、道を誤った者たち、不幸な目にあった者たち、みずからに悩みを抱える者たちすべての〈群れ〉を本能的に率いる〈牧者〉となって、これらの人々を生にひきとめるのである。

わたしの言いたいことはすでにお分かりのことと思う。この禁欲的な司牧者は、一見すると生に敵対する者に、否定する者にみえる。――しかし彼は生の偉大な保存者であり、肯定を生みだす者、力なのである。……そうだとすると、あの〈病的なもの〉はどうして生まれたのだろうか？　人間がほかのどんな動物よりも病的であり、不安定で、移ろいやすく、不確かなものであることに、疑問の余地はないからである。――人間とはまさに病める動物なのだ。しかしどうしてそうなったのだろうか？　たしかに人間は、ほかのすべての動物がやってきた以上に、大胆な試みを実行し、革新的な営みを始め、反抗し、運命に挑戦してきた。人間は自分自身を対象とする大いなる実験者であり、満足することのない者、飽きることのない者、究極の支配権を勝ち取るために動物や自然や神々を相手に闘う者である。――人間、それはいつまでも屈服することを知らぬ者、永遠の未来をもつ者、自分を衝き動かす力があるために休息することのできない者であり、そのために現在のどの瞬間においても、未来が拍車のように仮借なく肉に食い込むのである。――このように勇敢で豊饒な動物が、もっとも危険にさらされた動物でないはずがあろうか。あらゆる病める動物のうちで、もっとも長く、もっとも深く病める動物でないはずがあろうか？……

人間は、これには飽き飽きしているし、うんざりしている。こうした倦怠が疫病のように流行したこともあったのだ（――たとえば一三四八年頃の死の舞踏の時代である[47]）。しかしこのような吐き気、疲労感、みずからへの嫌悪感そのものが、――そのすべてが人間において力強く現れるために、それが「人間を生に縛りつける」新たな鎖となるのである。人間は自分の生に否《ナイン》と言うのだが、それはまるで魔法のように、さらに優しい然り《ヤー》を光のもとに溢れるばかりに持ちだすのである。そう、まさにこの破壊の巨匠が、自己破壊の巨匠がみずからを傷つけるときに、――この傷そのものが後になって、人間に生きることを強制するのである……。

一四　悪しき空気

人間においては、このような病的な状態がますます常態になりつつあるだけに――そしてわたしたちはこれが正常な状態であることを否定できないのだ――、ごく稀に人間が身体においても精神においても強壮であるのをみると、それを高く評価せざるをえないのである。これは人間にとって僥倖とでも呼ぶべき状態なのである。それだけにこのような出来の良い者たちは、もっとも悪しき空気から、病的な空気から厳重に保護すべきなのだ。しかしわたしたちはそのようにしているだろうか?……病人は、健康な者たちにとっては最大の危険である。強い者たちにとっての災いは、もっとも強い者たちから訪れるのではない。もっとも弱き者たちから訪れるのだ。そのことを知っているだろうか?……およそ人間にたいする恐怖というものが小さくなることを願うべきではないのである。この恐怖があるからこそ、強い者たちは強くあること、場合によっては恐ろしい者となることを強いられるからである。――この恐怖こそが、出来の良い人間という類型を堅持してくれるものなのだ。

恐れなければならないもの、いかなる不運よりも取り返しのつかない不運として恐れるべきもの、それは大いなる恐怖ではなく、人間にたいする大いなる吐き気だろう。そして人間にたいする大いなる同情である。この「吐き気と同情という」二つのものがいつか番《つが》って子を生むとすれば、そこからもっとも不気味なものがこの世に誕生するのは避けられないことである。それが人間の「最後の意志」であり、人間の虚無への意志であり、ニヒリズムである。

実際のところ、そのために着々と準備が進められているのである。嗅ぐための鼻だけでなく、「見るための」目と「聞くための」耳をもっている人であれば、どこに立ち入ろうとも、ほぼいたるところに、精神病院の空気のような匂い、病院の空気のような匂いを感じとることだろう。——もちろんわたしが言っているのは人間の文化圏のことであり、次第に地上に姿を現しつつあるあらゆる種類の「ヨーロッパ」のことである。人間の大いなる危険は病者である。悪人でもないし、「猛獣」でもない。最初から運が悪い者たち、投げ捨てられた者たち、破壊された者たち、——これらの者、すなわち最も弱き者こそが、人間の生の土台を掘り崩して危険にさらす者であり、生と人間とみずからにたいする信頼に危険な毒を注ぎこみ、疑念を抱かせる者である。

わたしたちはいったいどこにゆけば、人に深い悲哀をもたらすあの陰鬱なまなざしから逃れることができるのだろうか。生まれつき出来損ないの者の内省的なまなざしから、そうした人間が独語する言葉が聞こえてくるようなあのまなざしから、――溜め息そのものであるようなあのまなざしから！　このまなざしは溜め息をつくように語るのだ。「わたしがもっと別の人間だったらよかったのに！　でももう望みはない。わたしはいまあるわたしでしかない。このわたしからどうすれば逃れることができるだろうか？　ともかく、わたしは自分にうんざりする！」……

　このような自己への軽蔑の土壌に、ほんものの沼地に、あらゆる雑草と毒草が繁茂する。すべてが縮こまっていて、強い下心《したごころ》に動かされていて、不誠実で、しかも甘ったるいのだ。ここには復讐と怨念の蛆虫がうごめいている。この空気には、秘密と内緒ごとの匂いがたちこめている。ここにはつねに悪意に満ちた陰謀の〈網〉が張られている。――これは苦悩する者たちが、出来の良い者や勝ち誇る者にたいして張る陰謀の網であり、ここでは勝ち誇った気配を示すだけでも、憎まれるのである。そしてこの憎悪がそもそも憎悪であることを認めないために、どれほどの欺瞞が企まれることだろうか！　どれほどの麗々しい言葉が、おおげさな身振りが、「正しい」中傷のためのどれほどの技が披露されることか！　この出来損ないの者たちの唇からは、どれほどの口達者な言葉が溢れでることだろうか！　彼らの目は、どれほど甘く、ねばついた謙遜の諦念で潤《うる》んでいることだろうか！

しかし彼らはそもそも何を望んでいるのだろうか？　彼らはせめて正義と愛と智恵と優越感をひけらかそうと、望んでいるのだ。それがこの「もっとも下劣な者たち」、この病人たちの野心なのだ！　そしてこの野心は、彼らをいかに巧みな者にすることだろう！　彼ら贋金造りが、どれほど巧みに徳の刻印を、徳の響きを、徳の黄金の響きを模倣するか、その手口にはただ感嘆するばかりである。この弱き者たち、不治の病人たちが、今では徳をまったく独り占めにしていることは、疑問の余地もないことだ。彼らは主張する、「われわれだけが善人なのだ。正しき者なのだ、われわれだけが善意の人間なのだ」と。彼らはわたしたちにたいする警告と非難を体現する者として、わたしたちのあいだを徘徊するのだ。——あたかも健康であること、出来の良い人間であること、強い者であること、誇りの高い者であること、自分の力を感じる者であることが、それだけで品の悪いことであるかのように、人はそのことのために償いをすることを迫られるかのように、しかも手酷《てひど》い償いを強いられるかのように、である。おお、彼らは要するに他人に償いをさせようと、どれほど準備していることか、死刑執行人になることをどれほど熱望していることだろうか。

彼らのうちには、裁判官を装った復讐の鬼たちがうようよしている。この復讐の鬼たちは、「正義」という言葉を、毒のある唾液のように絶えず口の中に蓄えている。そして絶えず口を尖《とが》らせて、満足そうなおももちで街を元気に歩いているすべての人に唾を吐きかけようと身構えているのだ。彼らのうちには、虚栄的な類型の人々のうちでも、もっとも吐き気を催させる連中、あの嘘つきで出来損ないの輩がいる。そして「美しき魂」をみせびらかそうとして、台無しにされた自分の官能を、詩句やその他の〈おしめ〉にくるんで、「純潔な心情」と称して売りにだすのである。彼らは道徳的なオナニストであり、「自分で自分を慰める」輩なのだ。

この〈病める者の意志〉、それはどんな形であっても、優越感を誇示したいという意志であり、健康な者にどうにかして暴力を加えることのできる抜け道を探しだそうとする本能である。——この弱き者の〈力〉への意志が存在しないところがあるだろうか！　とりわけ病める女が、支配し、抑圧し、暴力を加えるために編みだす巧妙な技術を凌駕することのできる者はいないだろう。病める女はその目的のためには、いかなる生者も、いかなる死者も容赦しない。埋葬された者の墓すら暴くのだ（「エチオピアの」ボゴス族は言う。「女はハイエナだ」）。どんな家族でも、どんな団体でも、どんな共同体でも、その背後を覗いてみるがよい。いたるところで病める者が健康な者と闘っていることが分かるだろう。――これは静かな闘いであり、毒の粉末とか、針の一刺しとか、なきべその陰湿な芝居による闘いであることが多い。ときには、「高貴な憤慨」を演出した身振りだけの病めるファリサイの徒の闘いも目にすることがある(48)。

ときには学問の聖域のうちにまで、この病める犬のしわがれた憤慨の叫びが聞こえてくることもあれば、「高貴な」ファリサイの徒の噛みつくような辛辣な虚言と怒りの声が聞こえてくることもあるかもしれない（――聞くだけの耳をもっている読者には、ベルリンの復讐の使徒であるオイゲン・デューリングのことを思いだしていただきたい。彼は現代のドイツにおいて、もっとも忌まわしく、もっとも下劣な道徳の騒ぎ頭である。デューリングは、彼と同類の反ユダヤ主義者のうちにあっても、第一級の道徳の大ボラ吹きなのだ）。

これら、生理学的な出来損ないの者たち、虫食いの穴だらけの者たちは、誰もがルサンチマンの人間なのだ。いわば地下に潜った復讐の念で揺れている地面そのもののような者たち。彼らは幸福な者たちにたいする爆発においても、復讐の仮装舞踏会においても、復讐の口実作りにおいても、疲れることを知らず、倦むことを知らない。彼らはそもそもいつになれば、自分の復讐の最後の洗練された至高の勝利にいたったと考えるのだろうか？　それは自分たちの悲惨とありとあらゆる悲惨を、幸福な人々に、その良心のうちに滑りこませることに成功したときのことであるのは間違いない。これが成功したときには、幸福な人々は自分たちの幸福を恥じるようになり、たがいに次のように語り合うに違いない。「幸福であることは、恥ずべきことだ！　あまりに多くの悲惨があるのだから！」。……しかし幸福な人間が、出来の良い者たちが、力のある者たちが、心底からみずからの幸福になる権利を疑い始めることほどに、大きな、宿命的な誤解はないだろう。

このような「転倒した世界」などなくなってしまえ！　このような恥ずべき感情の柔弱化など消えてしまえ！　病人が健康な者たちを病気にするということ――これが柔弱化というものだろう――がなくなること、これが地上における最高の観点［遠近法］というべきものだ。――しかしそのためには、健康な者たちが病気の者たちから離れたままでいること、病人たちを目撃して、自分が病人だと思い違いをしないように警戒することが必要なのだ。それとも看護人になったり、医者になったりすることが、健康な者たちの任務だとでも言うのか？……しかしそう思い込むことほど、健康な者たちがみずからの任務を思い違いし、否定することはないだろう。――より高き者は、より低き者のための〈道具〉になるほど、みずからを貶めてはならない。〈距離のパトス〉によって、それぞれの者の任務は永遠に引き離されたままであるべきである！

　より高き者たちが存在する権利、そしてまったき響きをもつ鐘が、調子はずれの破《わ》れ鐘よりも優先されるべき権利は、千倍も大きいのである。より高き者たちだけが、未来を保証する者であり、彼らだけが人類への未来の責任を負っているのである。彼らがなしうること、彼らがなすべきこと、それは病気の者たちがなしうることでも、なすべきことでもない。そして彼らだけがなすべきことをなしうるためには、彼らが病気の者たちの医者や、慰め手や、「救い主」の役割をはたすようなことが許されるべきだろうか？　……それだからこそ空気が必要なのだ！　よい空気が！

　そして文化のあらゆる精神病院や病院から、遠く離れていることが必要なのだ！

だからこそ良き仲間が、わたしたちの仲間が必要なのだ！　そしてやむをえない場合には、孤独であることが！　いずれにしても内に籠った頽廃と、ひそかな病気の虫食いから生まれる瘴気から、遠く離れていることが必要なのだ！　……それというのも、わが友よ、わたしたちのために用意されていたかのごとき二つの最悪の悪疫から、しばらくのあいだでも身を守るためなのだ。――あの人間にたいする大きな吐き気から、あの人間にたいする大きな同情から、身を守るために！……

一五　司牧者の技術

健康な者たちにとって、病人を看護し、病人を健康な者にしてやることが、自分の任務ではないことが、しっかりと了解されたならば――わたしは人々がこのことをまさにしっかりと認識すること、しっかりと了解することを要求するものである――、ある種の者が存在するのは必然的であることも、了解されることだろう。それは、みずからも病人である医者と看護人である。このことを理解してこそ、わたしたちは禁欲的な司牧者の意味をしっかりと認識できるのだ。

わたしたちにとって禁欲的な司牧者とは、病める家畜たちのために予定された救済者であり、牧者であり、弁護人であるのだ。こうしてわたしたちは、禁欲的な司牧者の巨大な歴史的な使命を理解できるのである。苦悩する者たちを支配することこそが、彼らの王国であり、彼らはその本能からしてこの任務に定められているのである。この任務において彼らはその特有の技術を、巨匠の技を発揮する。彼らはここに自分の幸福をみいだすのである。彼らはみずからも病気でなければならず、根っから類似した者でなければならない。それでなければ、病気の者たちを理解することはできないし、――病気の者たちと心を通わせることはできないのだ。しかし彼らは同時に、強い者であらねばならないし、他者よりもまず自己を支配することができなければならないし、力への意志の強さにおいて揺るぎのない者でなければならない。そうであってこそ司牧者は病者から信頼と畏怖をかちえることができるのであり、病者にとってその支えであり、防壁であり、支柱であり、強制する者であり、厳格な教師であり、暴君であり、神であることができるのである。

司牧者は家畜の群れを守ってやらねばならない――しかし誰から守るのか？　健康な者たちからであることは間違いない。またときには健康な者への嫉妬の念からも守るのである。粗野で、嵐のごとく、抑えがきかず、冷酷で、暴力的で、猛獣のような健康と力強さにたいして、司牧者は生まれつきの敵対者にして軽蔑する者でなければならない。司牧者は、デリケートな動物の最初の類型だ。憎むよりも軽蔑するほうが得意なのである。

司牧者たちは、猛獣と闘うことからは逃げられないだろう。これは暴力の闘いであるよりも、狡智による（「精神」による）闘いとなるだろう、当然のことながら。——そのために場合によっては司牧者は、みずからをほとんど新種の猛獣に近い類型に作りあげること、少なくともそうみせかけることが必要だろう。——これは新しい恐るべき猛獣であり、そこには北極熊もいるし、敏捷で冷酷に獲物を待ち構える山猫もいるし、もちろん狐もいて、これらが結びあって一つの統一を作りだして、魅力的であると同時に畏怖すべき猛獣となっているのである。

必要であれば、秘密に満ちた力を布告し、代言する者となり、熊のごとくに荘重に、威厳をもち、賢く、冷静で、衣の下に鎧をつけて、他の種類の野獣たちの群れのうちに踏み込んでゆくだろう。そしてこの野獣たちの土地に、できるかぎり大きな苦悩と、分裂と、自己矛盾の種を蒔こうと決意しており、相手が苦悩する者であれば、いつでもその主人になることができると、みずからの手腕に強い確信を抱いているのである。司牧者たちが聖油や香油を携えているのは疑いのないところである。しかし医者となるためには、まず相手を傷つける必要がある。だから司牧者は相手の傷の痛みを抑えるのだが、同時にその傷に毒を塗りつけるのである――魔術師であり、野獣を飼いならす者である司牧者は、この技においては何よりも優れた手腕を発揮する。彼のいるところ、すべての健康な者はかならず病気になり、すべての病者はかならず飼いならされる。

この奇妙な〈牧者〉は実際に、彼の病める家畜の群れを親身になって守っている。――彼は家畜の群れを、彼ら自身からも守っているのである。家畜の群れのうちで微光を発している劣悪さ、姦計、悪意、さらに中毒者や病気の者たちに固有のその他のすべての害から、彼ら自身を守ってやるのである。そして群れの内部の無秩序や、群れのうちにつねに生じてくる解体への兆候と、司牧者は賢明に、激しく、内密のうちに闘っているのである。家畜の群れの内部には、あのルサンチマンという危険な爆薬と爆発物が潜んでいて、たえず蓄積されつづけているからである。

この爆薬によって群れとその〈牧者〉が爆破されてしまうことのないように、蓄積された力を巧みに除去すること、それが司牧者の何よりも得意な技であり、最高の効用である。司牧者が存在することの価値について、できるだけ短い言葉で表現するならば、次のように語ることができるだろう。司牧者はルサンチマンの「方向を変える者」である、と。

　というのも、苦悩する者は誰もが本能的に、自分の苦悩の原因を探し求めるものだ。もっと正確に言えば、その苦悩を作りだした行為者を探し求める。あるいは自分の苦悩を感じとることができる者を、しかも自分の苦悩を作りだした罪のある者を探し求めるものなのだ。——一言で言えば、苦悩する者がみずからの情動を、行為においてであれ、想像においてであれ、何らかの口実を利用して爆発させることのできる者を、しかも現に生きている者を探し求めるのだ。というのも、情動を爆発させるという行為は、苦悩する者が自分の苦悩を鎮める試みとしては最善のものであり、それを麻痺させる試みでもある。これはあらゆる種類の苦悩にたいして、意図せずに求められる麻酔なのである。

　わたしの考えるところでは、ルサンチマンや復讐やそれに類似したものに、真の生理学的な原因があるとすれば、その原因はひたすらここに、すなわち情動によって苦痛を麻痺させようとする欲求のうちにある。——一般にこの生理学的な原因は、防衛するための反撃のうちにあるとされているが、これは大きな間違いだと思う。防衛するための反撃というものは、反動としての防衛措置にすぎず、急に傷つけられたり、危険に直面したりしたときに起こる「反射運動」にすぎない。蛙は頭を切り取られた後でも、酸性の溶液から逃れようと身動きするが、そんな反射運動にすぎないのである。

しかし次の二つの試みの違いは基本的なものである。反射運動において試みられるのは、さらに危害が加えられるのを避けようとすることであるが、〔前に述べた苦痛を麻痺させる〕試みは、ひそかに生まれて耐えがたくなった苦痛を、強い情緒によって、何らかの方法で麻痺させ、少なくとも一瞬でも、それを意識から追い払うことを目的とするのである。そのためには何らかの情動が、できるだけ激しい情動が必要となる。この情動を掻き立てるために、手元にある最初の口実が使われるのである。「わたしが苦しんでいるのは、誰かが原因となっているに違いない」。——このような推論のしかたは病人に固有のものである。そしてこうした考え方は、病人にとって自分が苦しむ真の原因が、苦しみの生理学的な原因が不明であればあるほど、陥りやすいものである(――この苦しみの原因は、あるいは交感神経の疾患なのかもしれないし、胆汁の過剰な分泌なのかもしれないし、血液中の硫酸カリと燐酸カリの欠乏かもしれないし、下腹部に圧力が加えられていて、血行を妨げているからかもしれないし、卵巣などの器官が退化したことが原因かもしれないのである)。

苦悩する者はすべて、苦痛を与える情動にたいして、何らかの口実を作りだすことには驚くほどに熱心で、発明の才に富んでいる。みずからの猜疑《さいぎ》そのものを楽しむのである。具合の悪いさまざまなところや見掛けだけの傷についてくよくよと悩み、内臓の過去や現在のあれこれの問題について詮索し、いかがわしい陰鬱な物語を作りだしては、こうした物語のうちで、好き好んで苦悩をもたらす疑念のうちに耽り、悪意のもたらす毒に酔い痴れるのである――大昔の傷をかきむしり、すでに完治していた傷口からも血を流す。友人たち、妻、子供、そして彼にとってごく親しい人々のうちから、悪者を作りだす。

「わたしは苦しんでいる。そしてそれは誰かのせいでなければならないはずだ」――これがすべての病める羊の考えることである。しかしこの羊の牧者である禁欲的な司牧者は、羊にこう言い聞かせる。「そのとおりだ、羊よ！　それは誰かのせいに違いない。しかしこの〈誰か〉というのは、お前自身のことなのだ。それはお前だけのせいなのだ。――お前がこうなったのは、お前だけのせいなのだ！」……これは大胆な台詞であり、偽りの台詞である。しかしこれで少なくとも一つのことは達成されている。すでに述べたように、これでルサンチマンの方向が――転換されたのだ。

一六　ルサンチマンの方向の逆転

わたしがこれまで語ってきたことからでも、禁欲的な司牧者の力を借りながら、生きようとする者の医術的な本能が少なくとも何を試みてきたか、そしてその本能のためには、「負い目」「罪」「罪深さ」「堕落」「永遠の断罪」などの逆説的で不条理な概念が、一時的にでも猛威をふるって働く必要があったことは、理解していただけるだろう。この本能が目標としているのは、病人をある程度までは無害な存在とすること、治癒の望めない者は、みずから滅びさせること、病がそれほど重篤でない者たちの意識を厳しく自己に向けさせること、彼らのルサンチマンの方向を逆転させ、自己に向かわせること（「必要なことはただ一つだけである」[49]――）、そしてあらゆる苦悩する者たちの悪しき本能を、自己の規律、自己の監視、自己の克服のために活用し尽くすことだった。

これは自明なことではあるが、この種の「薬品の処方」は、情動を抑えるだけのものであり、生理学的な意味でのほんとうの病の治癒ではない。ここにおいて生の本能が何らかの治癒を意図しているとも、見込んでいるとも、主張できないだろう。ここには健康と病気の対立があり、大きな裂け目が開いているのである。片方には、病人たちが群れて集まり、組織を形成する（——こうした組織のもっとも通俗的な呼び名は「教会」である）。他方には、かなり健康に生まれついている人々、まったく出来のよい人々がいて、こうした人々のためにある種の間に合わせの保護装置が用意されているのだ。——［これは大きな裂け目であるが］ずっと前からこうだったのだ！　これは大変なことだった！　ほんとうに大変なことだったのだ！……

【この論文ではわたしが一つの前提から出発しているのはお分かりいただけると思う。わたしが必要としている読者には、この前提を根拠づける必要はないと思われることだろう。その前提とは、人間の「罪深さ」というものは事実ではなく、事実の解釈にすぎないということだ。これは生理学的な不調についての解釈なのである。——これは、わたしたちにたいしてはいかなる拘束力ももたない道徳的で宗教的な観点からみた不調にすぎないのである。

——誰かが、自分には「負い目がある」とか「罪がある」と感じたとしても、そのことだけではその人がそう感じるのはもっともであることなど、まったく証明できないのだ。それは自分が健康であると感じるからといって、その人が健康であることが証明できないのと同じである。

有名な魔女裁判を思いだしていただきたい。かつてはいかに炯眼《けいがん》で、仁愛に富む裁判官であっても、そこに罪があることは疑わなかったし、「魔女」みずからも、自分に罪があることを疑わなかった。——しかしそれでも罪はなかったのである。——この前提を敷衍して表現するならば、「魂の痛み」というものも、わたしにはそもそも事実だとは思えないのである。これまで正確に表現されてこなかったさまざまな事実の一つの解釈（因果論的な解釈）にすぎないと思われるのである。これはまだ科学的に確実に決定されておらず、まだ宙に浮いているようなものと思われるのだ。——いわば痩せこけた疑問符の代わりに、肥えた言葉が登場したにすぎないのだ。

「魂の苦しみ」に〈片をつける〉ことができない人がいたとしても、それは大雑把に言うと、彼の「魂」のせいではない。おそらく彼の〈胃袋〉のせいだろう〈大雑把に言うと〉と言ったが、だからといって大雑把に聞いてほしいとか、大雑把に理解してほしいと言っているわけではないのだ……〉。出来のよい強壮な人間であれば、自分の経験を（したことと、しなかったことを含めて）しっかりと消化するものだ。固いものを飲み込まなければならなかったとしても、食べたものは消化されるのと同じことだ。もしも彼が自分の体験に「片をつける」ことができなかったとしても、それはある種の消化不良であり、食物の消化不良と同じように、生理学的な原因によるものである——実際にはこうした生理学的な消化不良の結果にすぎないこともあるのだ。——ここだけの話だが、このような見解を持ちながらも、あらゆる唯物論に断固として反対する者であることもできるのだ……】

一七　宗教の起源

しかしこの禁欲的な司牧者はそもそも医者と呼べるようなものなのだろうか？——禁欲的な司牧者がいかにみずからを「救済者」とみなすとしても、「救済者」として尊敬されたがっているとしても、彼を医者と呼ぶことが許されないことは、わたしたちがすでに確認したことである。彼が治療しようとするのは苦痛だけ、苦痛のもたらす不快だけであり、その原因ではないし、ほんものの病気そのものでもない。——だからこそわたしたちは、司牧者による治療に根本的な異議を唱えざるをえないのである。

　しかし司牧者だけが認識し、手にしている遠近法というものがあるのであり、もしもわたしたちがこの遠近法にしたがって物事をみることを学ぶならば、司牧者がこの遠近法のもとで何をみたか、何を探したか、何を発見したかを理解するようになり、最後には驚嘆せざるをえなくなることだろう。苦悩の緩和、あらゆる種類の「慰め」、——ここに司牧者の天才が示される。司牧者はみずから、慰め手としての使命をどれほど巧みにこなしていることだろう、そのための手段をどれほど巧妙に、そして大胆に選びだしていることだろう！　キリスト教こそは、精神的に慰める手段の一大宝庫と呼ぶことができるだろう。キリスト教のうちにどれほどの清涼剤が、鎮静剤が、麻酔剤が山積みになっていることだろう。この目的のためにどれほどの危険なことや大胆不敵なことが、敢えてなされたことだろう。生理学的に抑圧された人々の底深い陰鬱と、鉛のように重苦しい疲労と、黒々とした悲哀を一時的にでもとりのぞくためにどのように情動を刺激すべきかについて、キリスト教はきわめて細やかで、繊細で、南国的な巧妙さをもって、見抜いたのだった。というのも一般的に言って、すべての大宗教にとっての課題は、疫病のように流行したある種の疲労感と重苦しさを克服することだからである。

ある時期に地上の特定の場所で、生理学的な抑圧感が、広範な大衆を支配するようになることは、あらかじめ想定しうることである。しかし生理学的な知識が欠如しているために、これが生理学的な抑圧として意識されることはなく、そのためにその「原因」も、その治療法も、「生理学的にではなく」心理学的なものに、そして道徳的なものに求められ、「その両者において治療が」試みられるようになるのである（ふつう宗教という名前で呼ばれるものをわたしがきわめて一般的に表現してみるならば、このように表現できるのだ）。

このような抑圧感には、さまざまな起源が考えられる。異質な民族が混淆したためだと考えることもできる（あるいは異質な身分の混淆が原因だとも考えられる——身分はつねに起源の違いと民族の違いを表現するものだからだ。ヨーロッパで流行した感情的な厭世観としての「世界苦」というものも、一九世紀の「ペシミズム」も、複数の民族があまりに急激に混淆したために生まれたものなのである)。あるいは、移住が適切に行われなかったことによるのかもしれない——ある民族が、みずからの適応力では適応しきれない風土のうちに移住した場合である(インドに移り住んだインド人がその一例だ)。あるいは、ある民族の老化と疲労が原因なのかもしれない(一八五〇年以降のパリで流行したペシミズムがその一例だ)。あるいは、食餌療法が正しくなかったのかもしれない(中世のアルコール中毒、菜食主義者《ベジタリアン》の不条理なやり方。彼らはもちろんシェイクスピアのクリストフ殿の言葉に依拠するのだが[50])。あるいはさらに、敗血症、マラリア、梅毒、その他の疾患のためかもしれない(三十年戦争後のドイツを支配した鬱病がその一例だ。この戦争はドイツ全土の半ばの地域で悪疫を流行させて、ドイツ人の奴隷根性とドイツ的な〈せせこましさ〉の土壌を準備したのである)。

このいずれの場合においても、不快感との闘いが大規模に展開されたのだった。そのもっとも重要な方法と形態を、ここで簡単に指摘しておくことにしよう(当然ながら、こうした闘いと並行して、ほんらいの哲学者たちの不快感との闘いが展開されるのだが、ここでは触れないことにしておく。——これは非常に興味深いものではあるが、あまりに不条理で現実離れしているので、まるで蜘蛛が巣を張っているようなもの、片隅で待ち構えているようなものとなっているのである。それは苦痛のうちに錯覚が存在することが確認できれば、苦痛は消え去るに違いないという素朴な前提に基づいて、苦痛を錯覚であると証明しようとする試みのようなものだ。――ところがほら！　苦痛はなくなりはしないのだ……）。

まず、圧倒的な不快感を克服するための第一の方法として、生の感情をもっとも低い水準まで引き下げることが試みられる。もはやできるかぎりいかなる意欲も、いかなる願望も抱かないようにするのだ。情動の原因となるもの、「血」を作る原因となるものをすべて退けるのである（塩を断つというのは、［原始宗教の］行者の衛生法だ）。愛さないこと、憎まないこと、心を動かさないこと、復讐しないこと、富を積まないこと、働かないこと、乞食暮らしをすること、できれば妻を娶《めと》らず、［娶ったとしても］できるかぎり妻の数を少なくすること、精神的には「愚かであれ」というパスカルの原則を採用すること。

この結果として生まれるのは、心理学的および道徳的には「無我」であり、「聖化」であるが、生理学的に表現すると「睡眠状態に入る」ということになる。――これは一部の種の動物でみられる冬眠や、熱帯の多くの植物でみられる夏眠のような状態を、人間において実現しようとするものである。この状態では消耗と新陳代謝は最小限になり、それでも無意識のうちで生命の機能はまだ維持されているのである。この目的のために驚嘆すべき量の人間のエネルギーが費やされてきたのである——ひょっとすると無駄にであろうか？……

すべての時代において、ほとんどすべての民族において、このような「聖性」の闘士に事欠くことはなかったのだが、彼らがこうした厳密な訓練を経て闘うことによって、実際に真の救済を手にしたことは、疑問の余地はない。——彼らは無数の場合において、睡眠に入るという手段の体系を利用することによって、あの生理学的に底深い鬱状態からほんとうに解放されたのだった。だから彼らが考案した方法は、一般的な民族学的な事実の一つとして数えられるのである。

このように徹底的に肉体を飢えさせ、欲望を飢えさせようとする意図が、それ自体ですでに錯乱の兆候であるとみなすことは許されないことである（ローストビーフを好む「自由思想家」や、クリストフ殿のような無骨な人々がやりがちなことなのだが）。このような意図をもってすれば、あらゆる種類の精神的な惑乱につき進みがちであり、つき進んでしまう可能性があることは、確実である。たとえば「ギリシアの」アトス山［の修道院］に暮らす静寂派の修道士《ヘシュカスト》にみられるように「内的な光」にたどりつくことも、幻聴や幻視に、官能的で淫蕩な過剰と恍惚の状態にたどりつくこともあるのだ（聖テレサの物語を参照されたい[51]）。

このような状態に憑《つ》かれた人々が、こうした状態について、考えられるかぎりで最高の狂信的で間違った解釈を示すのは自明なことであろう。しかしこのように解釈しようとする意志のうちには、すでに確固とした感謝の気持ちが鳴り響いているのであり、この響きの調子を聞き漏らすべきではないのである。最高の状態、それは救済そのものであり、どうにか到達することのできた全体的な睡眠状態であり、静寂である。これは彼らには神秘そのものと感じられるのであり、これを表現するにはどんな高度な象徴も十分ではないと感じられるのである。これは彼らにとっては事物の根底に入りこむこと、その故郷に帰還すること、あらゆる妄念から解放されることである。それは「知」であり、「真理」であり、「真の実在」である。それはあらゆる目標、あらゆる願望、あらゆる行為から解放されることであり、善悪の彼岸にいたることでもある。

仏教徒は、「善と悪、——それは二つながらに鎖である。悟りを開いて完全になった者は、その両方を支配する」と語る。ヴェーダーンタの信者は、「なされたことも、なされぬことも、彼には苦痛とはならない。賢者である彼は、善も悪も、ふるい落とす。彼の王国はいかなる行為にも煩わされない。善も悪も、そのどちらも超越する」と語る。――これはバラモン教にも仏教にも共通して、インド全般にみられる考え方である（インドの考え方でも、キリスト教の考え方でも、徳や道徳的な醇化が催眠術のような価値をそなえていることは高く評価されているにもかかわらず、徳によって「救済」が実現できると考えられていないことは、はっきりと確認しておく必要がある。――そして事実はそのとおりなのである。この点について真実を失わないでいるということは、その他の点では完全に道徳化されてしまった世界の三大宗教のうちにも、まだ最高のリアリズムが残されている証拠と考えることができるだろう。「賢者には義務というものはない」……「徳を積むことでは解脱はえられない。解脱とは、いかなる完全性によっても到達することのできないブラフマンとの合一だからである。同じように、過ちを捨てることによっても解脱はえられない。ブラフマンと合一することが解脱であり、ブラフマンは永遠に清浄だからである」。これらの言葉は、シャンカラの注釈によるものであり、わたしはこの言葉を、ヨーロッパにおいてインド哲学の最初の精通者となった友人のパウル・ドイセンから引用している）[52]。

だからこれらの大宗教における「解脱」に敬意を払うことにしよう。しかし疲労困憊のあまり、もはや夢みることもできなくなった生の疲労者たちが、深い眠りをどれほど高く評価したとしても、それを真面目にうけとるのはかなり難しい。——この深き眠りというのは、すでに述べたようなブラフマンとの合一のことであり、神との〈神秘的な合一〉が実現されたということを意味しているからである。尊敬すべき最古の「経典」はこれについて次のように語っている。「彼が完全な眠りに入り、まったき静安にいたって、もはや夢もみなくなると、そのとき彼は、おお、親愛なる者よ、存在するものと一体になり、みずからのうちに没入するのである。——悟りそのものである自己に包まれて、もはや外にあるものも内にあるものも、まったく意識することがない。この橋を渡るものはもはや何もない、日も夜も、年齢も、死も、苦悩も、善き業も、悪しき業もまた」。「世界の」最大宗教のうちでもっとも深いこの宗教の信者たちは語る。「深き眠りのうちで、魂はこの肉体から抜けだし、いと高き光のもとを訪れ、かくしてみずからの姿をまとう。魂はそこで彷徨するいと高き精神と一つになり、女と、車と、友とともに、戯れ、遊び、楽しむ。荷物を引く獣が貨車に繋がれているように、プラーナ（生の息）はこの肉体に繋がれているが、魂はもはやこの肉体という付属物に思いをいたすこともない」。

しかしここで「救済」の場合と同じように、忘れてならないことがある。それはこうした言葉は、それがいかにオリエント風の華麗な文字で飾りたてられているとしても、エピクロスが語ったことと、同じ評価を示しているにすぎないということである。明晰で、冷静で、いかにもギリシア的な冷静さを示しながらも、苦悩していたエピクロスが理想としたのは、催眠状態のような虚無の感情であり、きわめて深い眠りの安静であり、要するに苦悩から解放されていることだった——これは苦悩する者たちや、まったくの調子外れの者たちが、最高の善として、価値のうちの最高の価値とみなしたものだ。これは彼らによって積極的なものとして、積極的なものそのものとして感じられねばならぬものである（これとまったく同じ感情の論理によって、すべてのペシミズム的な宗教においては、虚無が神と呼ばれるのだ）。

一八　禁欲的な司牧者の処方

前節で述べたのは、催眠術のような方法で感受性、すなわち苦痛を感受する能力を麻痺させることであり、そのためには稀有な力が必要とされる。勇気が、人々の意見を軽蔑する力が、「知的なストア主義」が必要なのだ。しかし鬱状態に抵抗するために、もっと手軽なトレーニング方法も利用されている。これが機械的な作業とでも呼べるものである。この方法によって、生存の苦悩が著しく緩和されることには、疑問の余地がない。現在ではこの方法を（ひどい呼び方だが）「労働の祝福」と呼びならわしているのである。この方法で生存の苦悩が緩和されるのは、苦悩する者の注意が、苦悩しているという事実からまったく逸らされてしまうためである。——つねに一つの行為が、一つの行為だけが意識にのぼるために、意識のうちで苦悩が占める場所がなくなってしまうのである。というのは、人間の意識の〈部屋〉は、なんとも狭いものだからだ！

機械的な作業とそれに付随するもの——これはたとえば絶対的な規則正しさとか、考えることもなく几帳面に服従することとか、どこでも同じ生活方法を繰り返すことか、時間を無駄なく利用することとか、「非人格性」、自己の忘却、〈自己への無関心〉を許可し、そうあるように訓練することなどである。——禁欲的な司牧者は、これらのものを苦痛との闘いにおいて、いかに徹底的に、いかに巧みに活用することを弁えていたことだろう！　司牧者は、身分の低い苦悩する者や、労役させられる奴隷や、囚人を相手にするときには（あるいは女性を相手にするときだ。女性は労役させられる奴隷であると同時に囚人でもあることが多いのだ）、［苦悩の］呼び名を変えるとか、名前を変えるといったちょっとした方法を活用することで、これらの人々が嫌っていることを恩恵とみなし、ある種の幸福とみなすようにさせることができたのである。——いずれにしても奴隷たちが自分の宿命にたいして抱いている不満は、司牧者たちが発明したものではないのである。

——鬱状態と闘うためのもっと重宝な手段がある。それはすぐに服用することができ、常用することもできるささやかな喜びを処方してやることである。この療法と併用して、すでに述べた療法も利用されることが多い。もっとも頻繁に治療薬として処方されるのは、［他者に］喜びを与えるという喜びだろう（慈善、施し、慰安、援助、励まし、慰め、称賛、顕彰などの方法による）。禁欲的な司牧者は「隣人愛」を処方することによって、根本的にもっとも強く、生をもっとも肯定する衝動——すなわち力への意志を処方するのである（もっともさじ加減が難しいのだが）。あらゆる慈善、奉仕、援助、顕彰には、「ごくわずかな優越感」が伴うものであり、この優越感がもたらす幸福こそは、生理的な調子の狂っている者たちが常用するもっとも贅沢な自己慰藉の方法なのである。ただしそれは、これらの者たちが適切な助言をうけている場合にかぎられるのであり、こうした助言なしでは彼らは、同じ根本的な本能にしたがいながらも、たがいに傷つけあうのである。

ローマ帝国の世界でキリスト教が誕生してきた頃のことを調べてみると、当時は相互扶助のためにさまざまな結社が存在していたことが分かる。この結社は、貧者の結社であったり、病人の結社であったり、葬儀のための結社であったりするが、いずれも当時の社会のごく下層の人々の土壌から成育してきたものである。鬱状態への主な処方は、相互の扶助によってささやかな喜びを味わうというものであり、それがこうした結社で意識的に培養されていたのである。――おそらくこれは、当時においてまったく新しいもの、真の意味で新たに発見されたものではなかっただろうか？

このようにして「たがいに助け合う意志」が、家畜の群れを形成しようとする意志が、「共同体」と「共同食堂《ケナクルム》」を作りだそうとする意志が呼び起こされ、それとともにごくわずかではあっても誘発されていた力への意志がふたたび爆発して、さらに完全なものとなろうとしたにちがいない。群れを形成することは、鬱状態との闘いにおいては大きな一歩であり、勝利である。共同体が成長すると、共同体のうちの個人においても新たな関心が育ってくるのであり、個人はこうした関心の力で、彼が抱く不満のうちでもっとも個人的な性格のもの、すなわち自己への嫌悪（ゲーリンクスは「自己への侮蔑」と呼ぶ）を超越できるようになるのである[53]。

すべての病人は、すべての病的な人間は、重苦しい不快感と無力感をふり捨てることを望んでいるために、家畜の群れの組織を本能的に求めるようになるのである。禁欲的な司牧者はこの本能を見抜いて、さらに助長する。家畜の群れの存在するところには、この無力感の本能がある。家畜の群れはこれを望んでいるし、禁欲的な司牧者の智恵は、これを組織化する。というのも忘れてはならないのは、強い者たちはその本性からしてたがいに分かれようとするが、弱い者たちはたがいに結びつこうとするからである。強い者たちが結合することがあるとすれば、それは彼らが力を合わせて全体として攻撃する活動を起こすためであり、彼らが全体として、力への意志を満たそうとするためであるが、強い者たちは結合することにたいして、それぞれの良心の強い抵抗を感じざるをえないのである。これとは反対に弱い者たちが手を結ぶのは、結合することに快感を覚えるからである。――結合することで、弱い者たちの本能が満足させられるのである。ところが生まれつきの「主人」となる人間（すなわち人間のうちでも孤立して生きる猛獣の種族）の本能は、この結合によって根本的に苛立ち、不安になるのである。

すべての寡頭政治の下には――人間の全体の歴史が教えてくれるように――、つねに専制への欲望が潜んでいる。寡頭政治のもとでは、個々の政治家は専制への欲望を抑えるために緊張を強いられるのであり、あらゆる寡頭政治はこの緊張のために絶えず震えているのだ（たとえばギリシアの寡頭政治がその実例である。これについてはプラトンが多数の箇所で証言している。プラトンは同国人をよく知っていたのだ。そして自分自身もそうであることを……）。

一九　現代人の魂

これまでわたしたちは禁欲的な司牧者が利用するさまざまな手段を調べてきた――生の感情の全体を麻痺させる方法、機械的な作業に従事させること、ささやかな喜びを享受させること、とくに「隣人愛」を享受させること、家畜の群れを形成させること、共同体で生まれる力の感情を目覚めさせること、これによって個人の自己への嫌悪感を、共同体の繁栄の喜びによって紛らわせること――これらの手段は、現代的な基準で考えてみれば、不快と闘うために禁欲的な司牧者が利用する罪のない手段である。次にもっとも興味深い、「罪のある」手段を考察してみよう。「罪のある」手段のすべては、ある一点にかかっている。何らかの方法で、感情の羽目を外させることが重要なのである。――鈍重で、麻痺させるような長い苦痛を紛らわせる効果的な手段として、これを利用するのである。だからこそ、この問題について、禁欲的な司牧者たちは創造的な能力を発揮して考え抜いたのである。「どうすれば感情の羽目を外させることができるか？」……この言い方はあまりにもどぎついので、「禁欲的な司牧者は、すべての強い情動のうちに潜む感激の気持ちを活用した」と表現するほうが気持ちよく聞こえるし、耳にも快いことだろう。それは明らかなことである。

しかし甘やかされている現代人の柔弱な耳を、さらに撫でてやる必要があるだろうか？ わたしたちの側から、彼らの偽善の言葉のために、一歩でも寄り添ってやる必要があるだろうか？ そのようなことは、吐き気を催させることであるだけでなく、わたしたち心理学者にとっては、それはすでに偽善の行為となってしまうだろう。というのは心理学者がいまでも良き趣味をもつとすれば（――ほかの人々ならそれを誠実さと呼ぶだろう）、それは彼が忌まわしいまでに道徳化された言葉遣いに抵抗するということにあるからだ。人間と事物にたいする現代人の判断はすべて、この道徳化された言葉遣いに塗《まみ》れているのである。

これについて思い違いをしないでほしいのだが、現代人の魂と書物に固有のこの特徴は虚偽ではないのだ。道徳的な嘘をつきながらも、その嘘に罪のなさが染みついていることこそが、固有の特徴なのである。この「罪のなさ」をいたるところで発見しなければならないということ――それが現代の心理学者が引きうけねばならない困難な仕事のうちで、もっとも忌まわしい仕事である。それはわたしたちの大いなる危険の一つである。――これはおそらく、わたしたちを大いなる吐き気へと導く道なのだ……。

わたしにはいかなる疑問もないのだが、現代の書物が何のために役立つかといえば（現代の書物が長く残るとしてのことだが、それを疑う理由はないのだ。さらにもっと厳しく、冷酷で、健康な趣味をもつ後の世代の人々が登場するとしてのことだが）、――そして現代的なもののすべてが、この後の世代の人々にとって、何のために役立つか、役立つことができるかといえば、それは現代の書物が吐き気を催させる薬として利用できることにある。——現代の書物には、道徳的な甘美さと虚偽があるからであり、もっとも深いところにフェミニズムが潜んでいるためである。このフェミニズムなるものは、「理想主義」と自称したがるが、いずれにしてもみずからを理想主義であると信じているのである。

現代のわれらが教養人たち、われらが「善人たち」は嘘をつかない——これは本当のことだ。しかしそれは彼らの名誉となることではないのだ！　本物の嘘、真の断固たる「誠実な」嘘は（この嘘の価値についてはプラトンに聞くがよい）、彼らには厳しすぎるもの、強すぎるものなのだろう。このような「誠実な」嘘をつくことを求めるということは、求めてはならないことを求めることになるだろう。それは彼らに、みずからにたいして目を見開くこと、「真」と「偽」を自分で判断できるようになることを求めることになるだろう。彼らにふさわしいのは、誠実でない嘘だけなのだ。現代にあっては自分を「善良な人間」と感じているような人は、ある事柄にたいして、不名誉な嘘をつくこと、徹底的に、ただし罪のないふりをして偽ること、心のままに偽ること、澄んだ青い目をして偽ること、有徳な人物のふりをして偽ること、そんなことしかできないのである。これらの「善人たち」――彼らはいまではその根っこのところから道徳化されていて、〈誠実さ〉については、未来永劫に駄目になり、台無しになっている。彼らのうちで誰が、「人間に関する」真実に耐えることができるだろうか！……あるいは分かりやすい問いに言い換えるなら、彼らのうちの誰が、真の意味での伝記というものに耐えることができるだろうか！……

いくつか実例をあげてみよう。バイロン卿は自分の個人的な事柄をいくつか記録しておいた。しかし［バイロンの伝記を書いた］トマス・ムーアはそんなことを利用するには、「あまりにも善良」でありすぎた。彼の友人［であるバイロン］が残した記録を燃やしてしまったのである。ショーペンハウアーの遺言執行人のグヴィナー博士も同じようなことをしたという。ショーペンハウアーも自分の個人的な事柄、おそらく自分に不利な（「エイス・ヘアウトーン」）事柄を書き残していたからである。ベートーヴェンの伝記を著した有能な伝記作家のアメリカ人セイヤーは、その仕事を急に中断した。ベートーヴェンの純朴で、敬うべき生涯のある時点にいたったときに、もはやそれに耐えられなくなったからである。……これらの実例からひきだせる教訓がある。

「今日、賢い人物のうちに、みずからについて誠実な言葉を書き残すことのできる人がはたしているだろうか?」ということだ。——もしいるとすれば、その人物は〈聖なる蛮勇教団〉に所属する人物でなければならないだろう。

リヒャルト・ヴァーグナーの自伝が出版されるという噂である。それが巧みな自伝であることを、疑う人はいるだろうか?……カトリックの聖職者のヤンセンが最近ドイツの宗教改革運動について、想像できないほどに几帳面で無害な記述を行ったが、それがドイツでどれほど滑稽な驚きをもたらしたか、想起してほしいのだ(54)。もしも誰かが、この運動についてもっと別なふうに語ってくれるとしたら、いったいどんなことになるだろうか。もしも真の心理学者が、現実のルターについて語ってくれるとすれば、いったいどんなことになるだろうか。これまで語られてきたのは、田舎牧師が語る道徳主義的な質朴さだったり、プロテスタントの歴史家の甘ったるく、遠慮がちな内気な描写だったりするのだが、もしもテーヌのような大胆さをもって(55)、しかも強さにたいして利口な寛容さを示すのではなく、魂の強さをもって語ってくれたとしたら、いったいどんなことになっていただろうか?……(ついでながら、ドイツ人はこの種の〈利口な寛容さ〉の古典的な類型を見事に作りだしたのだった。——ドイツ人はそれを自慢にし、誇りにすることができるだろう。利口な「事実主義者」のうちでもっとも利口なのが、あのレオポルト・ランケだ[56]。彼はすべての〈より強き原因〉の生まれながらの古典的な弁護人なのだ）。

二〇　罪人という病人

すでにわたしの言いたいことはご理解いただけたことだろう。——結局のところ、わたしたち心理学者が、みずからにたいする不信の念を払拭することができないでいることにも、十分な根拠があるのではないだろうか？……あるいはわたしたちもまた自分の仕事にたいしては、「あまりにも善良」なのだろうか。わたしたちもまたこの道徳化された時代の趣味の犠牲であり、獲物であり、患者であるのだろうか。わたしたちがこの趣味を軽蔑する者であると感じるとしてもである。——おそらくこの時代の趣味はわたしたちをも汚染しているのだ。あの外交官は仲間たちに次のように警告したのだが、それは何を意味するものだったのだろうか。「諸君、心を動かす最初のものには用心したまえ、いつでも善良なものだからだ[57]」。……現在の心理学者もまた仲間たちに、同じことを警告すべきであろう……。

　さてわたしたちの問題に戻るとしよう。この問題はわたしたちに、ある種の厳密さを要求する。とくに心を「動かす最初のもの」にはある種の不信の念を抱くことを要求するのである。感情の羽目を外す目的に役立つ禁欲的な理想。——この数語に圧縮されている内容についてこれから検討しようとするのだが、前の節の内容を思いだしていただければ、その核心をすでに予測することができるだろう。人間の魂をそのあらゆる〈箍《たが》〉から外して、それを驚愕と、寒気と、灼熱と、恍惚のうちに浸し、雷に打たれたかのように、あらゆる些細で瑣末な不快、陰鬱、調子外れから解放すること、この目的のためには、どのような方法がふさわしいだろうか？　どのような方法がもっとも確実だろうか？……

　根本的に、すべての大いなる情動は、それが突発的に現れる場合には、感情に羽目を外させるような力をそなえているのである。憤怒にも、恐怖にも、情欲にも、復讐心にも、希望にも、勝利にも、絶望にも、残酷さにも、すべてにこの力がそなわっているのである。そして禁欲的な司牧者は、人間のうちに潜むこのすべての〈野犬〉の群れを巧みに使っているのであり、ある人にはこの〈犬〉を、別の人にはあの〈犬〉

をけしかけるのだ。そして目的はいつも同じである。人間をその緩慢な悲哀から覚醒させ、しばらくのあいだでもその陰鬱な苦痛と長引く悲惨を追い払おうとするのである。そしてつねに宗教的な解釈と「義認」の名のもとで、これが行われるのである。

このようなすべての〈感情の羽目を外す〉ための行為は、後になってその代償を支払うことを求められる。これは自明なことである――羽目を外した病人の病は、ますます重篤になるのだ――。だから現代的な基準でみると、苦痛をこのような方法で治療するのは、「罪のある」ことなのである。しかし公平さを失わないためには、これが疚しくない良心のもとで行われたこと、禁欲的な司牧者はこの方法が役立つもの、不可欠なものであることを深く信じて処方したのであること、――自分が作りだす悲嘆に、ほとんど心を砕かれるような思いでこれを実行したのであることは、強調しておかねばならない。さらに、このような「感情の羽目を外すことでもたらされる」過剰は、生理学的に激しい代償を求めるのであり、ときには精神的な障害すら生みだすものであるが、それはこうした治療法の根本的な意味と矛盾するものではないことも、強調しておくべきだろう。すでに指摘したように、この治療法の目的とするところは病気を癒すことではなく、鬱状態と不快感を克服すること、これを緩和し、これを麻痺させることにあったからである。この目的もまた、このようにして「感情の羽目を外すことで」達成されたのである。

禁欲的な司牧者は、人間の魂のうちにさまざまな種類の心を引き裂くような音楽や、うっとりさせるような音楽を鳴り響かせるために、ある基本的な〈技法〉を利用している。それは——誰もが知っていることだが——、負い目の感情を利用するという方法である。この感情の由来については、すでに前の論文で簡単に説明してきたが、動物心理学の一コマとして説明しただけであり、それ以上のものではなかった。動物心理学では負い目の感情はいわば生《なま》の状態で現れるのである。そして負い目の感情の天成の芸術家である禁欲的な司牧者の手にかかることで、この感情は初めて姿を現したのである——おお、いかなる姿であることか！　この「負い目」は——禁欲的な司牧者は動物的な「疚しい良心」を、すなわち自己へと向きを変えた残酷さを、そう解釈し直したのである——、病める魂の歴史における最大の出来事だった。これは宗教的な解釈のもっとも危険で、もっとも致命的な芸当である。

みずからに苦しむ人間は、生理学的な原因はあるとしても、檻に閉じ込められた動物のように、〈なぜ〉と〈何のために〉という疑問に苛まれ、やみくもにその理由を求めている——理由が理解できれば、苦しみも和らごうというものだ——。そして薬と麻酔剤も求めている。ついには、隠された事柄を知っているある人物に助けを求めるのだ——そしてみよ！　人間はある暗示をうけとる。魔術師である禁欲的な司牧者から、自分の苦悩の「原因」について最初の暗示をうけとるのだ。その原因はお前のうちに求めるべきだ。負い目のうちに、自分の過去の一コマのうちに求めるべきだ。お前は自分の苦悩を、ある刑罰をうけている状態と理解すべきなのだ……。人間、この不幸なる者は、この暗示を聞き、理解した。いまや人間は、回りに自分を囲む線を引かれて身動きできなくなった雌鶏のようなものだ。この円周の線からもはや外にでることはできない。こうして病人から「罪人」が生まれたのだ……。

こうしてわたしたちは、この新しい病人、「罪人」という見世物から、数千年ものあいだ解放されることはないのである——そもそも人はいつかそれから解放されることがあるのだろうか？——。いたるところに、催眠術にかけられたこの罪人のまなざしがあるばかりだ。このまなざしはつねに一つの方向だけに向かう（苦悩の唯一の原因である「負い目」に向かっているのだ）。いたるところに疚しい良心が、ルターが「おそるべき獣」と呼んだ疚しい良心があるばかりだ。いたるところで過去が反芻《はんすう》され、行為が歪曲され、すべての行為を見張る「蒼ざめた眼」が開かれている。いたるところで苦悩の意味を誤解しようとする意欲が生の内容そのものとなっており、苦悩が解釈し直されて罪の感情に、恐怖の感情に、罰の感情に転換されている。いたるところで鞭打ちが、苦行者の着る羊毛のシャツが、飢えた肉体が、後悔にうちひしがれた思いがある。いたるところで罪人がみずからを車裂きの刑に処しながら、不安で、病み、貪欲な良心の歯車にみずからの身体をかけて苦しめている。いたるところで無言の苦悩が、もっとも激しい恐怖が、拷問にかけられた心の苦悩が、未知の幸福の痙攣《けいれん》が、「救い」を求める叫びがある。

実際にこうした一連の過程を経て、古き鬱状態、重苦しさ、疲労感はすっかり克服されたのだった。そして生はふたたびきわめて興味深いものとなった。これらの秘儀において聖別された人間、この「罪人」は、みずから覚醒し、永遠に覚醒し、夜を徹して、灼熱し、燃え尽き、消耗し、それでも疲れてはいないとみえるほどだった。この老いたる魔術師、この禁欲的な司牧者が、不快との闘いにおいて、——勝利をえたのは明らかだ。彼の王国が到来したのである。人々はもはや痛みをなくしてほしいと嘆くことはなかった。むしろ人々は痛みがほしいと渇望したのである。「もっと痛みを！　もっと痛みを！」。彼の弟子や聖別された人々は、幾世紀ものあいだ、こう求めて叫んだのである。

痛みをもたらすために、あらゆる方法で感情の羽目を外すこと、破壊し、ひっくり返し、細かに砕き、熱中させ、狂喜させるすべてのもの、拷問室の秘密、地獄におけるさまざまな発明――これらのすべてが新たに発見され、見分けられ、利用し尽くされた。これらのすべてのものを魔術師は利用する。それからというものすべてのものは、魔術師の理想が勝利を収めるために、禁欲的な理想が勝利を収めるために役立ったのである。……「わが王国はこの世のものならず[58]」――彼はいつもこう語っていた。しかし彼はこう語る権利を持っていたのだろうか？……ゲーテはかつて、悲劇的な状況というものは三六種類しかないと語っていた[59]。このことからも、ほかに何が分からないとしても、ゲーテが禁欲的な司牧者ではなかったことは分かるのである。禁欲的な司牧者なら、――もっとたくさんの状況を知っているのである……。

二一　禁欲的な理想のもたらす病

司牧者のもたらすこの種のすべての治療法、すなわち「罪を問う」ことによるすべての治療法については、どんな批判の言葉も余計なものである。この治療においては、感情の羽目を外させるというのが、禁欲的な司牧者が患者に向かって施す方式であるが（もちろんきわめて神聖なものの名においてであり、また司牧者がみずからの目的が神聖なものであると信じているのもたしかである）、こうしたやりかたが患者の誰かにほんとうに効いたのだと、本気で主張するような人がはたしているだろうか？　少なくともここで「効く」という言葉の意味をしっかりと理解すべきだろう。「効く」ということは、こうした治療の体系によって人間が「善良になった」ということを意味するのだとすれば、わたしも異議を申し立てることはない。ただし「善良になった」ということはわたしにとっては、――「飼いならされた」「弱くなった」「臆病になった」「繊細になった」「柔弱になった」「去勢された」ということを意味することは、つけ加えておこう（だからこれは傷つけられたとほとんど同じことを意味するのである――）。

しかし患者について、調子の外れた者や鬱状態になった者自身について調べてみれば、このような治療体系は、それがこうした者たちを「善良に」したとしても、いかなる場合にも病は重くなっているのである。贖罪のための苦行や、悔恨や、救済にいたるための痙攣などの方法を一貫して実行したらどんな結果になるのか、精神科医に尋ねてみられるがよい。歴史に尋ねてみられるがよい。禁欲的な司牧者がこのような患者の治療を実行した場合に、つねに病気の勢いは不気味なまでにその深さと幅を広げていったのである。その「成果」はいつも、どのようなものだったろうか？

患者はすでに病人だったのに、これに加えて新たに神経系が破壊されてしまったのである。大人でも子供でも、個人でも集団でも、同じ状況がみられるのだ。贖罪と救済の訓練の結果として、すさまじい痙攣の流行が発生した。歴史において確認されているこうした流行の最大のものは、中世の聖ヴィトゥス舞踏病や聖ヨハネ舞踏病である。こうした訓練のその他の余波としては、おそるべき麻痺症と慢性の鬱病があげられる。これによってときには、一つの民族や都市の住民の気質の全体が正反対なものに変わってしまうこともある（ジュネーヴ、バーゼル）。——これには夢遊病にも似た魔女狩りの集団ヒステリーも含めることができるだろう（一五六四年から一六〇五年までの期間に、八回もこうした大流行が発生したのである）——。こうした訓練の結果としてはさらに、死を渇望する集団譫妄《せんもう》があるが、その「死よ万歳！」という恐ろしい叫びは、淫蕩な特異病質や破壊願望を孕《はら》んだ特異病質によってときおり中断されることはあっても、ヨーロッパの全土で聞かれたものである。現在でも、罪悪についての禁欲的な教えがふたたび大きな勝利を収めているところでは、これと同じような情動の変遷が、同じような激しい変動を示しながら、間欠的に発生しているのである（宗教的な神経症は、「悪魔」の一つの形式として現れることには疑問はない。問題なのはそれがどのような神経症かということだ）。

要するに禁欲的な理想と、その崇高な道徳主義的な礼讃は、聖なる目的の名のもとで、感情の羽目を外させるためのすべての手段をもっとも巧妙に、大胆に、そして危険な形で体系化するものであり、これは忘れることのできない恐るべき記憶として、人類の全歴史に書き込まれているのである。そして残念なことに、それは人類の歴史においてだけではないのである……。わたしには、健康と種族の活力に、とくにヨーロッパ人の健康と種族の活力にこれほどの破壊的な効果をもたらしたものを、この理想のほかに、思い浮かべることができないのである。これをヨーロッパの人間の健康の歴史における真の災いと呼んでも、まったく誇張ではないだろう。これに比肩できるものとしては、ゲルマン族による影響ぐらいしか考えられない。わたしが考えているのはヨーロッパ人のアルコール依存症のことだが、これは厳密な意味で、ゲルマン人が政治的および種族的に優位を占めるプロセスと、ぴったりと一致しているのである（――ゲルマン人が血を注ぎ込んだところでは、悪徳も注ぎ込まれたのである）。――第三の候補としては梅毒をあげることができよう。――この二つは「二頭の馬のように」「つかず離れず駆けてゆく」[60]のである。

二二　旧約聖書と新約聖書

禁欲的な司牧者が支配したところでは、つねに精神の健康が損なわれた。こうして司牧者は芸術と文芸における趣味の良さも台無しにしたのである――そして今もなお台無しにしつつあるのだ。「こうして」というのは？――わたしが〈こうして〉と言うのを、そのまま許していただきたいのだ。少なくともわたしは、これをさしあたり証明しようなどとは考えていない。ただ一つヒントをあげておくと、これはキリスト教の文献のもっとも基本的な書物、そのほんらいの手本であり、「書物そのもの」と呼ばれた書物［聖書］にかかわる問題だということである。書物の最盛期でもあったギリシアとローマの最盛期にあって、まだ古代の著作の世界が矮小なものでもなく、破壊されてもいなかった時代にあって、そして現代の著作の半分と交換してでも読みたい書物がまだ数冊残っていた時代にあって、キリスト教の扇動者たちは——教父と呼ばれるのだが——、すでに単純素朴さと虚栄心をもって、次のように宣言したのだった。「われわれにも古典がある。われわれはギリシアの文献をもはや必要としない」と。——そして彼らは誇らしげに、聖人物語と使徒の書簡と護教的な文書の断片を示したのである。今日のイギリスの「救世軍」が、シェイクスピアやその他の「異教の」文学と闘うために、同じようなパンフレット類を誇らしげに示すのと、よく似ているのである。

もうお分かりのことと思うが、わたしは新約聖書は好まない。人々からこれほど大切にされ、過大に評価されているこの書物にたいするわたしの趣味が、これほど人々からかけ離れて孤立していることには、不安を感じざるをえないほどである（二千年にわたる人々の趣味が、わたしと対立しているのだ）。しかしやむをえないことである！

「わたしはここに立っている。ほかに仕方はない」[61]。――わたしは自分の悪しき趣味を守るだけの勇気をもっているのだ。

旧約聖書は、――これはまったく別である。旧約聖書にはあらゆる敬意を払うべきである。この書物には偉大な人物が、英雄的な光景が、地上でもごく稀なものが、堅い心をした人々の比類のない質朴さがみられるのだ。それだけではない。ここには一つの民族がいる。これにたいして新約聖書にあるのは、小さな党派のやりくりであり、魂のロココ風の趣味にすぎない。魂の唐草模様、ジグザグで、奇怪なものばかり、秘密の集会の空気ばかりである。この時代に（そしてローマの属州に）固有の牧歌的な甘美さが（これはユダヤ的であるよりは、ヘレニズム的なものだ）、ときおり香ってくることも忘れてはならない。謙遜と尊大さが肩を並べ、感覚が麻痺するほどの感情的なお喋《しゃべ》りがあり、情熱的なみぶりはあるが、情熱はない。そして見るのも苦痛なジェスチャー。ここには明らかに良き教育というものが欠けているのだ。これらの敬虔な矮人たちのように、自分のわずかな不徳に、これほどの大騒ぎをする必要があるだろうか！　雌鶏ですら、このようなことには騒ぎ立てはしないものだ。ましてや神だったならば。おまけに彼らは「永遠の生の冠」すら手にいれようとしているのだ、この田舎の卑しい者たちが。しかし何のためなのか？　何の報酬としてなのか？——これ以上の厚かましさは考えることもできない。

「不死の」ペトロとかいう者[62]、こんなものに耐えることができる人がいるだろうか！　彼らの野心ときたら、笑わずにはいられないものだ。ペトロが自分にかかわる些細な事柄を、自分の愚かしさと悲哀とのらくら者の懸念とを、かみ砕くように、人々に聞かせるのは、まさにこの野心のためなのだ。こうした事柄に心を砕くのが、何よりも大切な義務でもあるかのようにである。この野心ときたら、神そのものも自分がひたすら悩んでいるこの些細な苦悩のうちに巻き込んでしまおうと、疲れを知らないのである。神とのあいだでいつでも〈君とぼく〉の関係を結ぼうとするこの悪しき趣味ときたら！　このユダヤ的な、否《いな》、ユダヤ的なものにとどまることのない神への厚かましさ、この口と、この無骨な手でもって、神に迫るこの厚かましさ！……

　東方のアジアには、軽蔑されていた小柄な「異教の民」「ギリシア人」がいたのだが、初代のキリスト教の信徒たちは、この民からきわめて重要なことを、畏敬についてのコツを、学びとることができたはずだった。「ギリシアに」キリスト教を宣べ伝えようとした者「パウロ」が語っているところでは、この民は、神の名前を口にすることすら敢えてしなかったのである。[63] わたしにはこれはきわめて繊細な心遣いと思われる。「初代の」キリスト教の信徒だけが、あまりに繊細すぎたというわけではない。まったく対照的な「繊細さに欠けた」人物として、あのルターを思いだすがよい。ドイツで生まれたうちでもっとも「雄弁で」、粗野な農民だったルターを。そしてルターが神と交わした対話において、もっとも好んで使っていたあの口調を思いだすがよい。「人間と神の」仲立をしようとする教会、とくに「悪魔の豚、教皇」にたいするルターの反抗は、結局のところは、教会の良き礼儀作法にうんざりした一人の不作法者の抵抗であったことに、疑問の余地はないのである。この不作法者「ルター」は、聖別された者たちと寡黙な者たちだけに教会の扉を開き、不作法者を締めだした聖職者の趣味に、畏敬の礼儀作法に腹を立てたのである。このような不作法者は、ここでは一言も口を開くことは許されなかったのである。――しかし農民であるルターは、これとはまったく違ったありかたを望んだのだ。このような聖職者の趣味は、十分にドイツ的ではなかったからである。ルターはみずから神とじかに話すこと、自分の口から話すことを、「無遠慮に」話すことを望んだのだ……。そしてルターはそれをやりとげたのである。――どのような場合にも禁欲的な理想は、良き趣味の学校でも、ましてや良き礼儀作法の学校でもなかったことは、ご理解いただけることと思う。——せいぜいのところ、聖職者の作法の学校だったにすぎない——。禁欲的な理想はあらゆる良き礼儀作法にとって不倶戴天の敵であるものを作りだし、これを自分の体内に蔵していたのである。——節度に欠けること、節度に敵意を抱くこと、「これにすぐるものなし」なのである。

二三　学問と禁欲的な理想

禁欲的な理想は、たんに健康と趣味を台無しにしただけではない。ほかにも第三のもの、第四のもの、第五のもの、第六のものも台無しにしたのだ。——それらのすべてのものを数えあげることは差し控えたい（それではきりがないからだ！）。わたしがここで光を当てようとしているのは、この理想が何をしでかしてきたかではない。それよりもこの理想は何を意味しているか、それは何を理解させるのか、その背後に、その下に、その中に何を隠しもっているのか、そしてそれが山ほどの疑問符と誤解を引き連れながら先駆的に曖昧な形で表現しているものは何か、そのことだけを明らかにしたいのだ。

　そして読者にはこのためにこそ、禁欲的な理想がもたらした影響の巨大さから、宿命的な影響の大きさから目を背けないでいただきたかったのだ。というのは、この理想の意味するものを問うことで究極的に明らかになってくる光景に、心構えをしておいてほしいからである。この理想の威力、この威力の巨大さは、いったい何を意味するのだろうか？　この理想になぜ、これほど広い活動領域が与えられたのだろうか？この理想になぜ、もっと強い抵抗が行われなかったのだろうか？

　禁欲的な理想は一つの意志を表現しているのである。それではこれと反対の理想を表現している反対の意志はどこに潜んでいるのだろうか？　禁欲的な理想は、一つの目標をそなえている。——この目標はきわめて普遍的なものであり、これと比較してみれば、人間のその他の関心などは瑣末なもの、狭小なものにみえてくるほどである。禁欲的な理想は、さまざまな時代や民族や人間を、仮借なくみずからの唯一の目標に照らして解釈する。ほかにはいかなる解釈も認めようとしないし、ほかにはいかなる目標も認めようとしない。ただみずからの解釈の観点からみて、ほかのすべてのものを拒否し、否定し、肯定し、確認するのである（——かつてこれほどまでに突き詰めて考えられた解釈の体系が存在していたものだろうか?)。この理想は他のいかなる権力にも服従せず、他のいかなる権力よりも優位にあると信じているし、他のいかなる権力と比較しても、無条件的な位階における隔たりがあると信じている。――この理想は、地上に存在するすべての権力は、みずからによって初めて一つの意味を、存在する権利を、価値を認められるのだと信じているのであり、すべてがみずからの仕事のための道具であり、一つの目標のための、みずからの目標のための手段であり、道程であると信じているのである……。

しかしこのように意志と目標と解釈の閉ざされた体系に反対するものは、いったいどこに存在するのだろうか? 反対物が存在しないのはどうしてなのだろうか?……他の「一つの目標」はどこにあるのだろうか? ……あるいはそれが存在しないわけではない、それはあの理想と長い闘いをつづけてきて、幸いにも勝利を収めているし、すべての主要な事柄において、あの理想よりも上位にあるのだ、われわれのすべての近代的な学問こそが、その証拠だと、わたしに主張する人もいるかもしれない。――この近代的な学問こそが、ほんとうの意味での現実の哲学であり、明らかに自分だけを信じ、明らかに自己への勇気をもち、自己への意志をもっており、神、彼岸、否定的な道徳の力を借りることなく、目標を実現してきたのだ、と。

しかしそんなに大騒ぎをしてみせたり、扇動家のようなお喋りをしてみせたりしても、わたしを説得することはできない。現実とやらを謳いあげる喇叭吹きは、音楽家としても劣悪である。彼らの声は深みからやってくるようには聞こえないし、学問的な良心の深淵からの声が彼らを通じて語るわけではないのだ——というのは今日にあっては学問的な良心は一つの深淵だからだ——。このような喇叭吹きの口から語られる「学問」という言葉は猥褻であり、濫用であり、無恥である。彼らがここで主張するのとまさに正反対のことが正しいのだ。学問は今日では自己をいかなる意味でも信じてはいない。自己を超えた理想などもっていない。——そして学問がまだ情熱であり、愛であり、灼熱であり、苦悩であるとしても、それは禁欲的な理想の反対物としてではなく、むしろこの理想のもっとも新しく、もっとも高貴な姿としてなのである。読者にはこれは奇妙に聞こえるだろうか？……

もちろん現代の学者のうちにも、健気《けなげ》にがんばる謙虚な働き手がいるのはたしかだ。こうした学者は小さな片隅を好むものだが、それでもときにはあまり謙虚でない要求をすることもある。そしてわたしたちは現在のままで満足すべきであるとか、とくに学問については満足すべきであるとか、――ここには有益な仕事がたくさんあるではないか、とか要求するようになるのだ。わたしはこれにはいささかも反対するものではない。こうした健気な労働者から、その手仕事の楽しみを奪おうなどとは、まったく考えていない。わたしは彼らの仕事を楽しんでいるからだ。

たしかに今日の学問の世界では、厳密な仕事が行われているし、それに満足している労働者もいるだろう。しかしそれは、学問が現在ではその全体として、一つの目標であり、一つの意志であり、一つの理想であり、一つの信仰の大いなる情熱であるということを証明するものではまったくないのである。すでに指摘したように、その反対が正しいのだ。たしかに学問が禁欲的な理想の最新の現れではないこともある――これはごく稀で、高貴で、選り抜きの例外であり、このために全体の判断を歪めてはならない。――しかしそうではない場合には学問は、あらゆる種類の不満と、不信と、心に嚙みつく良心の虫と、自己への侮辱と、疚しき良心の隠れ家になっているのだ。――学問は理想の喪失がもたらす不安そのものであり、大いなる愛が欠けていることによる苦悩であり、不本意ながら満足していることへの苦悩である。

ああ、学問は今日、いかに多くのものを隠していることだろう！　少なくともいかに多くのものを隠さねばならないのだろう！　わたしたちの最善の学者たちの才能が、学者たちの脇目もふらぬ精勤が、夜も昼も湯気を立てるように働いている頭脳が、巨匠のような手仕事の手腕が、——これらのすべてが、何かあるものから目をつぶることだけを目的としていることが、どれほど多いことだろう！——学問が、自己麻酔の手段であること、読者はそのことを知っていただろうか？　わたしたちはちょっとした悪意のない一言で、——これは学者と交際する者なら誰でも知っていることだ——彼らを骨の髄まで傷つけてしまうことがある。学者たちを敬っているつもりでいても、その瞬間に友人の学者を怒らせてしまうこともある。わたしたちは、自分が相手にしているのが誰なのかを弁えなくなるほど無神経になって、学者たちを憤慨させるのだ。学者たちというのは、自分の正体を自分でも認めたがらない苦悩する者であり、麻痺し、思慮を失っている者たちであり、彼らはただ一つのこと、すなわち正気に戻るということを恐れているのだ……。

二四　真理への意志

——それではすでに述べたごく稀な事例として、現在の哲学者や学者のうちにみられる究極の理想主義者たちについて考察してみよう。もしかすると彼らこそ、わたしたちが探していた禁欲的な理想の反対物なのではないだろうか。禁欲的な理想に刃向かう理想主義者なのではないだろうか？　実際に彼らは、この「不信仰者たち」は（彼らは誰もが不信仰者だから）、自分たちがそのような理想主義者であると信じているのだ。禁欲的な理想の反対物であること、それが彼らの最後の信仰だと思われる。これについては彼らはきわめて真面目であり、彼らの言葉も物腰も、これについてはきわめて情熱的になるのだ。——だからといって彼らの信じていることが真実であると考える必要があるだろうか？……

　わたしたち「認識する者」は、あらゆる種類の〈信者〉に次第に不信の気持ちを抱くようになっている。わたしたちは不信の念から次第に、人々が以前から推論しているのと反対の推論をするようになってきたのだ。すなわち信仰の強さが前面において際立っている場合にはつねに、そこで信仰されている事柄を証明するのは困難であるだろうと、それは真実ではないであろうと推論するようになったのである。わたしたちもまた、信仰が「至福をもたらす」ことを否定するものではない。しかしだからこそ、わたしたちは信仰が何かを証明するものであることを否定するのだ。——人を至福にするような強い信仰というものは、その人が信じていること〔の正しさ〕を疑わせるものなのだ。この信仰は「真理」の根拠となるものではない。信仰が証明しているのは、一つの可能性、——それが欺瞞である可能性の強さなのである。

それではわたしたちが検討している事例はどうだろうか？　——彼ら、現代における否定者にして離反者たち、知的な清廉さという一点にかんしては、決して譲ることのない者たち、われらの時代の名誉とも言えるこの厳しく、厳密で、真面目で、英雄的な精神、これらすべての蒼ざめた無神論者、反キリスト者、無道徳主義者《インモラリスト》、ニヒリスト、懐疑論者、判断停止主義者《エポケー》、精神の消耗性疾患者（ある意味では彼らは誰もが消耗性疾患者だ）、これらすべての認識の究極の理想主義者たちこそが今日では知的な良心を宿し、体現している唯一の類型であるのだろうか、——彼らは自分では、禁欲的な理想からは可能な限り遠く離れていると信じているのだ、この「自由な、きわめて自由な精神」たちは。しかしわたしは彼らが自分では見ることのできないものを示してやろう——彼らはあまりに近くにいるので見えないのだ。——禁欲的な理想はまさに彼らの理想でもあるのだ。おそらくほかの誰でもなく、まさに彼らこそが今日においてこの理想を表現しているのだ。彼らはこの理想のもっとも精神的な産物なのであり、最前線に送りだされた戦闘隊であり、斥候隊である。この理想のもっとも危険で、繊細で、捉えがたい誘惑の形式なのだ。——もしもわたしが謎解きをするとしたら、わたしは次の命題を示すだろう！……彼らはまだまだ自由な精神とは言いがたい。というのは彼らはまだ真理というものを信じているからである……。

キリスト教の十字軍の兵士たちはオリエントにおいて、不屈の暗殺者の結社に、あの卓越した意味での自由精神の結社に出会ったことがある。この結社の最下位の者たちですら、「西洋の」いかなる修道院も太刀打ちしえないほどの服従の生活を送っていたのである。そしてこの結社の最上位の者たちだけに、シンボルと割り符の言葉が秘伝として伝えられていた。その秘伝の言葉は「真なるものはない、すべてのことは許されている」というものだった。そしてキリスト教の十字軍の兵士たちは、何らかの方法でこの言葉についてのヒントを手に入れたに違いない……。

まことにこの言葉こそは、精神の自由を示すものだった。これによって真理そのものにたいしては、信仰が無効なものであることが通告されたのである。――かつてヨーロッパの自由精神が、キリスト教的な自由精神が、この命題に、その迷宮のような帰結に、迷い込んだことがあるだろうか？　この洞窟に住む怪物のミノタウロスを、かつて目の当たりにしたことがあるだろうか？……わたしはそれは疑問だと思う。はっきり言えば、そうではないことをわたしは知っているのである。――ある一点にかんしては決して譲ることのないこのいわゆる「自由な精神」ほどに、かの意味での自由と解放から縁遠いものはないのだ。彼らはその他の点についてはそれほど拘束されていないとしても、［ある一点、すなわち］真理への信仰においてだけは、誰よりも強く、無条件に拘束されているのである。

わたしはこうしたすべてのことを、おそらくごく身近な問題として熟知しているのだ。［この拘束から生まれたのは、たとえば］こうした［真理への］信仰によって義務づけられたあの尊敬すべき哲学者の節度である。また、肯定することと同じように否定することも、みずからに厳しく禁じる知的なストア主義である。〈厳然とした事実〉の前には立ち止まろうとするあの意欲である。現代のフランスの学問にみられる「小さな事実」を重視する宿命主義である（わたしはこれを〈小さな宿命主義〉と呼んでいる。フランスの学問はこの宿命主義によって、ドイツの学問にたいして道徳的な優越を感じようとしているのである）。そして、あらゆる種類の解釈を断念しようとする試みである（恣意的な解釈や、修正や、短縮や、省略や、補足や、虚構や、捏造することを断念し、さらに解釈の本質に属するすべてのものを断念しようとする試みである）。――全体としてはこれらのものは、有徳な者が示す禁欲主義の現れであり、官能性の否定でもある（これらは基本的にこの官能性の否定のさまざまな現れの一つなのである）。

しかし彼らをこのように禁欲主義へと強制するものは、かの真理への無条件な意志であり、これはじつは禁欲的な理想そのものへの信仰にほかならないのである。たとえそれが禁欲的な理想の無意識的な命令だったとしてもである。これについて思い違いをしてはならない。――これは一つの形而上学的な価値への信仰であり、真理そのもののもつ価値への信仰であり、この価値は禁欲的な理想のうちでしか保証されず、確認されないものなのである（この価値は禁欲的な理想とともに立ち、この理想とともに倒れるのだ）。

厳密な意味では「前提なき」学問などというものは存在しない。このような考え方はそもそも不可能なものであり、論理に反するものである。まず一つの哲学があり、一つの「信仰」が存在していなければならない。そしてこの哲学や信仰から、学問は一つの方向を、一つの意味を、一つの限界を、一つの方法を、存在する権利を獲得するのである（これを反対の方向で考えようとする人、たとえば哲学を「厳密な学問的な土台」のもとに基礎づけようとする人は、哲学だけでなく、真理そのものも逆立ちさせねばならない。これはかくも貴き二人の女性［哲学と真理］にたいする最大の非礼ではあるまいか！）。

そうなのだ、そこに疑問の余地はないのだ。――これについてはわたしの著書『悦ばしき智恵』から引用しよう（第五章断章三四四）――「学問への信仰が前提とするのは、徹底的で究極の意味での誠実なる人間である。この誠実なる人間は、生、自然、歴史とは異なる別の世界をそれによって肯定する。そしてこの人間が「別なる世界」を肯定するとき、さて、どうなるだろうか？　彼は当然ながら、その反対のもの、すなわちこの世界を、わたしたちのこの世界を――否定せざるをえないのではないだろうか？……わたしたちの学問にたいする信仰もやはり、一つの形而上学的な信仰に依拠しているのである。われら現代の認識者、われら神なき者、われら形而上学を否定する者たちも、数千年におよぶ古き信仰によって点《とも》されたあの炎から、わたしたちの火をとっているのだ。この炎は、神は真理であり、真理は神的なものであるというキリスト教の信仰であり、これはプラトンの信仰でもあったのである……。しかしそれがもはや信じるに足るものではなくなり、いかなるものも神的なものではないことが明らかになったとしたら、それが誤謬であり、盲目であり、嘘であることが明らかになったとしたら、どうなるだろうか。——神そのものがわたしたちの古くからの嘘であることが明らかになったとしたら、どうなるだろうか」——。

——ここで立ち止まって、じっくりと考えてみる必要があるだろう。学問そのものはつねに根拠づけを必要としている（しかしこれは、学問に根拠があるということを主張するものではあってはなるまい）。この問題に照らして古今の哲学者たちを吟味してみるがよい。彼らのうちの誰であっても、真理への意志そのものがどれほどに根拠づけを必要とするものであるかということについて、十分に意識した者はいないのである。ここにすべての哲学の欠陥がある。——しかしそれはどうして生まれたのか？

それはこれまですべての哲学を、禁欲的な理想が支配してきたからである。存在として、神として、最上位の審級としての真理が信じられてきたからである。哲学が真理そのものを問題とすることが許されなかったからなのである。この「許されなかった」という言葉の意味を理解していただけるだろうか？――禁欲的な理想が抱く神への信仰が否定された瞬間から、新しい問題が誕生するのである。それは真理のもつ価値とはどのようなものかという問題である。――真理への意志には批判が必要なのだ。――ここでわたしたちの課題を定めておこう――。試しに一度は真理の価値を問題として提起することが必要なのだ（これがあまりにも簡略すぎる表現だと思われる読者は、『悦ばしき智恵』の「わたしたちはどこまで敬虔なのか」というあの節の全体を読まれたい（断章三四四）。同書の第五章の全体と、『曙光』の序文も読んでいただければなによりである）。

二五　学者と禁欲的な理想

否！　わたしが禁欲的な理想にとってもっとも自然な敵を探しているときに、わたしが「［禁欲的な理想と］反対の理想を表現している意志はどこにあるのか」と問うているときに、学問のことを持ちださないでいただきたいのだ。そのような［反対の理想のような」ものになるには、学問はまだ十分に自立していないのである。学問はあらゆる点において、まず一つの価値の理想を、価値を作りだしてくれる権力を必要としているのであり、この権力に奉仕することで、科学は初めてみずからを信じることができるのである。――学問はみずから価値を創造することができないのだ。学問と禁欲的な理想との関係は、敵対的なものではまったくない。学問は実質的に、禁欲的な理想の内的な構築を推進する力となっているのである。

　学問は禁欲的な理想に異議を唱え、この理想と闘っているようにみえるが、詳しく調べてみると、それは禁欲的な理想そのものに向けられたものではなく、その理想の〈出城〉に、衣装に、仮面劇に向けられたものであること、その理想がときおり硬化し、木のように強張り、教条的なものとなることに向けられたものであることが分かるのである。――学問は禁欲的な理想の外面的な要素を否定することによって、この理想の内なる生命をふたたび自由なものとするのである。この二つのもの、学問と禁欲的な理想のどちらも、同じ基盤の上に立っているのだ。――このことはすでに暗示しておいた。――どちらも真理というものの価値の過大な評価に依拠しているのである（さらに正確に表現すると、真理を評価することはできないし、真理を批判することもできないという同じ信念に依拠しているのである)。すなわちこの二つは必然的に同盟関係にあるのだ。——だからこれら両者は、攻撃されるときには一緒に攻撃され、問題とされるときには一緒に問題とされるしかないのだ。禁欲的な理想の価値評価を実行することは、不可避的に学問の価値評価を実行することになる。これについては時をたがえずに目を見開き、耳をそばだてるがよい!

(芸術については別のところで詳しく述べるつもりなので、ここでは前もって簡単に一言語るだけにしよう。——芸術においては、虚偽が聖なるものとされ、疚しい良心を働かせずに欺瞞への意志が働くことができるために、芸術は学問よりもはるかに根本的に禁欲的な理想に敵対するものである。プラトンの本能はそのことを告げたのであり、プラトンはこれまでヨーロッパで生まれた最大の、芸術への敵対者である。プラトンとホメロスの対立。これこそが真の意味での完全な対立である。——プラトンは最善の意志をそなえた「彼岸の人」であり、生の大いなる誹謗者である。ホメロスは意図せずに生を神的なものとした人であり、黄金の本性をもつ人である。だから芸術家が禁欲的な理想に奉仕するということは、芸術家の最悪の腐敗であるが、残念ながらもっともありふれた腐敗なのだ。というのも、芸術家ほど腐敗しやすい人間はいないからである)

生理学的に調べてみても、学問が禁欲的な理想と同じ土台の上に立っていることが分かる。どちらにおいてもある種の生の貧困化が前提となっているのである。——どちらにおいても情動が冷ややかになり、テンポがゆっくりとしたものになり、本能の代わりに弁証法が登場し、顔つきや身振りに真面目さが表現される（真面目さというのは、新陳代謝が困難になったこと、生が苦労の多い滞りがちなものとなったことを間違いなく示すしるしなのだ）。

ある民族のさまざまな時代において、学者が重用されるのがどんな時代であるかを調べてみられるがよい。それは疲労の濃い時代であり、しばしば黄昏《たそがれ》の時代、衰退の時代である。——もはや横溢するほどの力も、生への確信も、未来への確信も姿を消した時代である。中国の高官《マンダリン》のような［官僚的な］人々が圧倒する時代は、善き時代とは言い難いのである。民主主義が到来し、戦争の代わりに平和の仲裁裁判が訪れ、男女同権が主張され、同情の宗教が登場する時代、生の沈降の兆候となるさまざまな出来事が発生する時代は、善き時代とは言い難いのである（学問を問題として提起すること、学問とは何か？——これについては『悲劇の誕生』の序文を参照されたい）——。否！　この「現代の学問」なるもの——目を大きく見開いて見るがよい！——、これは今日においては、禁欲的な理想の最高の盟友である。学問は、きわめて無意識的で、自然で、内密で、地下に潜む禁欲的な理想の盟友なのである。「心の貧しき者」「と自称する禁欲的な司牧者たち」と、この理想に反対する「ようにみえる」学者たちは、これまでまったく同じゲームを演じてきたのだ（念のために指摘しておけば、この理想に反対する学者たちが、「心の貧しき者」と反対の者、すなわち「心の豊かな者」であると考えないように、用心していただきたい。——彼らはそのような者ではないのだ。わたしは彼らを精神の消耗性疾患者たちと呼んできた）。

学者たちが勝利を収めたことは名高いし、たしかにそれは一つの勝利である。——しかし何にたいする勝利なのか。禁欲的な理想はこの闘いで敗北したわけではない。これによってこの理想はそれまでよりもさらに強くなった。すなわちさらに捉えがたいものに、精神的に、油断のならないものとなったのだ。というのも、それまでこの禁欲的な理想の周囲に構築されていた城壁や外郭のために、その風景は粗雑なものとなっていたのだが、これが学問の力によって容赦なく取り払われ、取り除かれたからである。そもそも「コペルニクス以前の」神学的な天文学が敗退したことが、あの理想が敗退したことを意味すると考える人などいるだろうか……。

「しかし少なくとも」この「神学的な天文学の」敗退によって、人間は目に見える事物の秩序の内部において、自己の存在がかつてなく恣意的なものとなり、片隅に追いやられたものとなり、余計なものとなったことは認識したのであり、それによってかえって、人間がみずからの存在の謎について、彼岸という視点から解釈する必要性は小さくなったのではないだろうか？　まさにコペルニクス以来というもの、人間の自己卑下が、人間の自己卑下への意志が、押しとどめがたく高まってきているのではないだろうか？　ああ、存在の位階における人間の品位、独自性、掛け替えのなさについての信仰は失われてしまった。——人間は動物になったのだ。比喩でもなく、割引も留保もなく、人間は動物になってしまったのだ。かつては人間は自分のことを神にも等しい存在だと（「神の子」であり「神人」だと）信じていたのだが……。

コペルニクス以来というもの、人間は大きく傾いた斜面の上に立たされているかのようである。いまでは人間はますます速さをまして、中心となる場所から遠ざかってゆくのである。——どこへ？　虚無へか？　「みずからを虚無とみなす胸をえぐられるような感覚」へか？　いかにも！　これこそはまっしぐらに進む道ではないだろうか——古き理想へと？　すべての学問は（これは天文学に限られるものではない。ただし天文学には人間を卑屈にし、卑下させる力があることについては、カントが注目すべき告白をしている。「それはわたしの重要性を否定する」と……)、それが自然のものであるか、不自然なものであるかを問わず(わたしは認識の自己批判を、不自然な学と呼ぶ)、人間にこれまでの自尊心を捨てさせることに、人間の自尊心は奇妙な自惚れにすぎなかったかのように思わせることに、全力を尽くしているのである。そしてあたかも、人間が自己を尊重するためにこそ、このように苦労して作りだした人間の自己蔑視を維持することを真摯に求めるのであり、そこにこそ学問に特有の誇りが、学問自身のストア的な平静心《アタラクシア》に固有の厳格な形式があるとも言えるほどである(これは実際に正当なことなのだ。軽蔑する者とは、「尊敬することを忘れなかった者」のことだからだ……)。

それではこれによって禁欲的な理想に反対したことになるのだろうか。カントが神学的な概念(「神」「霊魂」「自由」「不死」などの概念)に基づく教義にたいして勝利を収めたことで、禁欲的な理想が破壊されたなどと、わたしたちは本気で信じているのだろうか?(神学者は長いあいだ、そう思い込んでいたのだが)——ここではカントがみずから、このようなことを意図していたかどうかは問題ではない。確実なのはカント以来というもの、あらゆる種類の超越論的な哲学者たちが、勝機をつかんだということである。——彼らは神学者たちから解放されたのだ。何という幸運だろうか！——こうしてカントは哲学者たちが独力で、きわめて学者らしい礼儀作法のもとで、「心のうちの願い」を実現するための抜け道を教えたのである。

　そうであるならば、不可知論者たちが、未知なるもの、神秘的なものを崇拝する者として、いまや疑問符そのものを神とみなして崇拝するからといって、これを誰が咎めることができるだろうか？（シャヴィエ・ドゥーダンはかつて、「知りえないという状態にとどまるのではなく、理解できないものを賛美するという習慣」から生まれた弊害について語ったことがある。[64]彼によると古代人はこうした弊害に陥ることはなかったのだという）人間が「認識する」すべてのものが、人間の願望を満たすのではなく、人間の願望に逆らい、人間を戦慄させるようになったときに、この責任を人間の「願望」にではなく、「認識」に負わせることができるというのは、神業のような抜け道ではないか！……「認識」なるものは存在しない。だから——神が存在する」。何という優雅な推論だろう！　禁欲的な理想の何という勝利だろう！——

二六　歴史と禁欲的な理想

——それとも近代のすべての歴史記述には、生について確信を抱き、理想について確信をもった姿勢が示されているのだろうか？　近代の歴史的な記述がいま求める最高の要求は、鏡となることである。すべての目的論を否定するのだ。もはや何も「証明する」ことを目指さない。裁判官の役割をはたすことは軽蔑しており、そこにみずからの良き趣味があると感じている。——肯定することも否定することもせず、たんに確認し、たんに「記述」するのである……。これらのすべてはきわめて禁欲的な姿勢である。しかし同時にそれ以上にニヒリズム的でもある。これについて勘違いしないようにしよう！　そこには悲しげで、冷たく、しかし同時に決意に満ちたまなざしがある。——これは孤独な北極探検家のようなはるか外を見やるまなざしである（それはおそらくみずからの内部を覗きこむことがないようにするため、後ろを振り向かないようにするためだろうか？……）。ここに雪があり、ここに沈黙した生がある。ここで鳴き立てる最後の烏《からす》たちが、「何のために？」「無駄なことだ！」「無だ！」と叫んでいる。——ここではもはや何ものも成育せず、繁茂しない。［ここに生えるのは］せいぜい［サンクト・］ペテルブルグの政治議論か、トルストイ風の「同情」くらいのものだろう。

しかし別の歴史家たち、もっと「現代的な」種類の歴史家たち、享楽的で、官能的で、生にも禁欲的な理想にも流し目をする歴史家たち、「芸術家」という言葉を手袋のように使って、観想的な省察を褒めたたえる最近の言葉を自分たちへの賛辞とうけとめている歴史家たちはどうなっているのだろうか。おお、この甘い才子たちどもよ、彼らが目にすると、禁欲的な人間や冬景色のほうがどれほど好ましくなってくることだろうか！　否！　このような「観想好みの」歴史家たちなど、悪魔にさらわれてしまえ！　わたしならこんな人々と一緒にいるくらいなら、あの歴史的なニヒリストたちとともに陰鬱で灰色の冷たい霧の中をさ迷うほうが、ずっとましだと思うだろう！——わたしは選択を迫られたなら、まったく非歴史的な人々、反歴史的な人々に耳をかすことすら拒まないつもりだ（たとえばあのデューリングのような人にだ。今日のドイツにはこのデューリングの声に聞き惚れている人々がいる。まだおずおずしていて公然と名乗りをあげることのできない「美しき魂」の人々だ。彼らは教養のあるプロレタリアートの内部のアナーキストたちなのだ)。

彼らよりも百倍もひどいのが「観想好みの」人々なのだ。──「客観的な」肘掛け椅子のような人々、歴史道楽の香水ぷんぷんの連中、聖職者まがい、サテュロスまがいの好色漢たち、ルナンのような輩ほどに、吐き気を催させる人々はいないのだ。甲高い裏声の喝采を耳にするだけで、彼らに何が欠けているか、どこに彼らの欠陥があるか、どこで運命の女神がその残酷な鋏《はさみ》をふるったかがすぐに分かろうというものだ！　ああ、外科医のような手並みをもってだ！　しかしこうしたことはわたしの趣味に反するし、わたしの耐えられるところではない。このような光景に耐えられる者は、この光景を眺めていればよい。──わたしはこのような光景をみると激怒せずにはいられない。このような「観客」がいるということで、「芝居」そのものにさらに腹が立ってくるのだ。このような芝居(すなわち歴史のことだ)をみていると、知らず知らずにアナクレオンのような気分になる。(65) 雄牛には角を、ライオンには「牙を剝く口《カスマ・オドントーン》」を与えた自然が、「人間である」わたしには二本の足を与えたのはどうしてだろうか？　聖なるアナクレオンに誓って言うが、それは踏みつけるためである！　決して逃げだすためではない。あの朽ちた肘掛け椅子のような人々、臆病な観想好み、歴史に淫らな視線を送る宦官の精神、禁欲的な理想への流し目、無能な者たちの正義を気取る偽善ぶりを、踏みつけるためにである！

わたしは禁欲的な理想には十分な敬意を払うつもりである。それが真面目なものでさえあれば！　それが自己を信じて、わたしたちの前で道化芝居を演じたりしなければ！　しかしわたしは、こうしたすべてのコケティッシュな南京虫たちを好まない。これらの輩の飽くことなき名誉心は、無限のような匂いをさせることを求めるが、やがてはその無限そのものが、南京虫臭くなってしまうのだ。

わたしは人生を芝居のように演じるこうした〈白く塗りたる墓〉を好まない[66]。わたしはあの疲労した者たち、困憊した者たちを好まない。彼らは叡智のうちにくるまって、「客観的に」ものを眺めているだけだ。わたしはあの英雄を気取った扇動家たちを好まない。彼らは藁《わら》でできた頭を理想という名前の隠れ頭巾で覆っているだけだ。わたしはあの野心の強い芸術家たちを好まない。彼らは禁欲的な人間や司牧者の真似をしたがるのだが、じつは悲劇の道化役者にすぎない。わたしはさらに、理想主義を建て前とする最近の投機家たち、あの反ユダヤ主義者たちも好まない。彼らは最近はそのキリスト教的で、アーリア人的で、実直な人間らしいまなざしを向けて、きわめて月並みな扇動方法である道徳主義的な態度をうんざりするほどに濫用して、民衆のうちの頓馬な人々をすべて煽《あお》ろうとしているのだ（――今日のドイツで、すべての種類のまやかしの精神主義がかなりの成功を収めているという事実は、ドイツ精神の荒廃を手にとるように、誰にも否定できないくらいに示すものだ。わたしはこの荒廃の原因は、新聞と政治と、ビールとヴァーグナーの音楽だけを摂取しすぎたことにあると考えている。さらにこの偏った食事の前提となるものも、その原因の一つだ。国をあげての締めつけと虚栄がそうだし、力強いが狭量な「ドイツ、世界に冠たるドイツ」という原則がそうだし、「現代的な理念」という〈麻痺性の震え《パラリュシス・アギタンス》〉もそうである）。

現在のヨーロッパには興奮剤が山積みであり、ヨーロッパ人は興奮剤を発明する才能にも長けている。まるで刺激剤と〈火酒《かしゅ》〉しか必要でないかのようである。そして精神の〈火酒〉のうちでもっとも強い酒である理想について、法外な密造が行われているのだ。そのためいたるところで空気は忌まわしい悪臭を放ち、嘘だらけで、アルコールまがいの臭いがするのだ。この空気がふたたび清らかな匂いを放つようにするためには、いったい何隻の船で、偽造された理想主義をヨーロッパから運びだせばよいのか、知りたいほどである。そしてこの船にはほかにも、英雄の衣装と大言壮語のための玩具と、いく樽もの砂糖漬けの〈同情酒〉（商標は〈苦悩の宗教〉である）と、精神的な偏平足に悩む者たちのための「高貴な憤慨」という義足と、大勢のキリスト教的で道徳的な理想のコメディアンたちも、山積みにして運びだす必要があるだろう……。

このようなものがヨーロッパでは生産過剰なので、新しい貿易の可能性が生まれているのは明らかである。ちっぽけな理想の偶像と、それに付属する「理想主義者」たちを商品にすれば、新しい「商売」が成立するのはたしかだろう——これほどはっきりと言っていることを聞き漏らすことのないようにしてもらいたい！　この商売に乗りだそうという勇気のある人はいないものだろうか？——われわれの手で、地球のすべてを「理想化」することができるのだ！……しかし勇気はどうでもよい。ここで必要なのはただ一つのこと、すなわち手なのだ。捉われることのない手が、まったく捉われることのない手が必要なのだ……。

二七　無神論の意味

——もうたくさんだ！　うんざりだ！　このような最新の現代精神の珍妙で複雑な産物などは放っておくことにしよう。これはたしかにわたしたちを笑わせてくれるが、うんざりもさせるものなのだ。禁欲的な理想の意味は何かというわたしたちの問題にとっては、こうしたものは無用なのだ。——この問題にとっては昨日や今日がどんな関係があるというのだろうか！　この珍妙な産物についてはわたしはもっと別の文脈において、さらに詳細に、さらに厳密に吟味するつもりである（「ヨーロッパのニヒリズムの歴史」というタイトルのもとで。これについては『力への意志　すべての価値の転換の試み』という準備中のわたしの著作を参照されたい）。

わたしがこれに言及したのは、次のことを指摘したいからにほかならない。すなわちもっとも精神的な領域において、禁欲的な理想に真の意味での〈敵〉がいるとすれば、この理想を傷つける者がいるとすれば、それはこの理想のコメディアンたちだけだということである——こうしたコメディアンたちは不信感を呼びさますからである。

精神がいま厳しく、力強く、贋金造りなどせずに真面目に働いているすべてのところで、精神はもはや理想というものを必要としないのである。このような「理想なしですますという」節約ぶりを俗に「無神論」と呼びならわしている。——しかし精神に、真理への意志が欠如しているわけではないのだ。

しかしこの意志たるもの、理想の残り物とでもいうこの意志は、わたしの言うことを信じてもらえるとすれば、じつは理想をもっとも厳密に精神化したものであり、すべての〈出城〉をとり外したもっとも内奥的な理想そのものであり、理想の残り物ではなく、その核心なのである。誠実で無条件の無神論というのは（——わたしたち、現代の精神的な人間が呼吸しているのは、この無神論の空気のようなものにすぎない！）、見掛けほどにはこの理想と対立しているものではないのである。無神論はむしろこの理想の究極の発展段階の一つであり、この究極の姿の一つ、その内的な帰結の一つなのだ。——この無神論は二千年におよぶ真理への訓練がもたらした畏敬すべき破局である——神を信じるという虚偽をついにみずからに禁じるにいたったのだ（インドでもヨーロッパとはまったく独立して同じ発展段階がみられることは、このことを証明するものだ。インドでも同じ理想が、必然的に同じ帰結にたどりついた。決定的な段階に到達したのは、紀元前五百年頃の仏陀の頃であり、さらに正確には、数論派《サーンキヤ》哲学の頃のことであり、これが仏陀によって通俗化され、宗教となったのである)。

ごく厳密な問いかけとして、キリスト教の神にたいして勝利を収めたものは、何だろうか？　その答えは、『悦ばしき智恵』の断章三五七に示したとおりである。「それはキリスト教の道徳そのものである。誠実さという概念がますます厳密に解釈され、洗練された聴罪司祭のキリスト教的な良心が学問的な良心に翻訳され、崇高なものとされ、あらゆる代価を払って、知的な潔癖さにたどりついたのである。かつては、自然を神の善意と保護の証しであるかのように考えたものだった。歴史のことを、倫理的な世界秩序と究極の倫理的な意図を絶えず証明するものであるかのように考え、神的な理性を敬うために歴史を解釈したものだった。敬虔な信徒たちがずっとやってきたように、自分の経験を解釈して、すべてが神の摂理であり、〈しるし〉であり、魂を救済して愛に向かわせるために考えられ、贈られたものであるかのように解釈してきたものだった。しかしこうした考えかたはすでに過去のものとなったのである。それは良心に反するものとなったのである。繊細な良心をもつすべての人にとってこのような考えかたは、いかがわしいものであり、不誠実なこととなったのであり、欺瞞であり、フェミニズムであり、弱さであり、臆病であるとみなされるようになったのである。——もしもわたしたちが良きヨーロッパ人であり、ヨーロッパのもっとも古くからの勇敢な自己克服の遺産相続者でありうるとすれば、それは何よりもこの厳しさによってなのである」……。

すべての偉大なものは、それ自身によって滅びるものである。みずからを止揚する行為のうちで滅びるのだ。そのことを生の法則は求める。生の本質のうちに必然的にひそむ「自己克服」の法則が、そのことを求めるのである。最後には、〈汝みずからが定めた法を守れ〉という定めが、つねに立法者みずからに呼び掛けられるのである。このようにして教義としてのキリスト教は、みずからの道徳のもとで滅びたのである。だから道徳としてのキリスト教もまた、滅びざるをえなかったのである。——わたしたちはこの出来事の〈閾《しきい》〉の上に立っているのだ。

キリスト教の誠実さは、一つずつ結論をだしながら、最後にもっとも強力な結論を、みずからを否定する結論を引きだすところにある。そしてこれは、キリスト教的な誠実さが、「すべての真理への意志は何を意味するのか」という問いを立てるときのことである……。

ここでわたしはわたしの問題に直面する。わたしのいまだ知らざる友よ（——というのは、わたしはまだ一人の友も知らないからだ）、わたしたちの問題に直面するのだ。その問題とは、次の問いである。真理への意志がわたしたちにおいて、問題として意識されるのでなければ、わたしたちすべての存在に、いったいどのような意味があるだろうか？……真理への意志がこのように自覚されることによって、道徳はこれから滅びるのである——これに疑問の余地はない——。ヨーロッパのために、次の二世紀の時間のために、この百幕からなる大いなる芝居が準備されているのだ。これはあらゆる芝居のうちでも、もっとも恐ろしく、もっとも大いなる疑問を掻き立て、おそらくもっとも大いなる希望に満ちた芝居である……。

二八　虚無への意志

もしも禁欲的な理想がなかったならば、人間には、人間というこの動物には、これまでいかなる意味もなかっただろう。地上に生存していても、いかなる目標もなかったのである。「そもそも人間は何のために存在するのか？」——この問いには答えというものがなかった。人間と大地を支えようとする意志が欠けていたのである。人間のどんな偉大な運命の背後にも、さらに大きな「無駄なことだ！」というリフレインが鳴り響いていた。禁欲的な理想が意味するのはまさにこのこと、人間には何かが欠けていて、巨大な空隙が人間をとり囲んでいるということだった。――人間は自分を是認することも、説明することも、肯定することも知らなかった。人間は自分の存在にどのような意味があるのかという問題に苦悩したのである。人間の苦しみはほかにもあった。人間は要するに、病める動物だったのだ。しかし人間の問題はこの苦悩そのものにあったわけではない。「何のために苦悩するのか？」という叫びに、答えがないことが問題だったのだ。

人間、このもっとも勇敢でもっとも苦悩に慣れた動物は、苦悩することそのものを否定するわけではない。人間は苦悩を望み、苦悩を探すほどなのだ。しかしそのためには苦悩の意味が示されること、苦悩が何のためであるかが示される必要があった。これまで人間を覆ってきた災いは、苦悩することそのものではなく、苦悩することに意味がないことだった。――そして禁欲的な理想は人間に、一つの意味を提供したのである！　これが人間の生のこれまでの唯一の意味だった。まるで意味がないことと比較すると、どんな意味でもあるだけまだましだったのだ。禁欲的な理想はどの点からみても、かつて存在したうちでもっとも優れた「何もないよりはましな代用品」だったのである。苦悩はここにおいて解釈されたのであり、これによって巨大な空隙が埋められたようにみえた。あらゆる自滅的なニヒリズムへの扉が閉ざされた。

しかしこの解釈が新たな苦悩をもたらしたのだった――これに疑問の余地はない――、これはもっと深く、もっと内面的で、もっと有毒で、生を蝕《むしば》む苦悩だった。すべての苦悩を罪という観点［遠近法］のもとにもたらしたのである。……だがそれにもかかわらず――これによって人間は救われたのであり、生の意味を手にしたのである。もはや人間は風にそよぐ一枚の木の葉のようなものではなくなったし、無意味の戯れ、「意味の欠如」の戯れではなくなったのである。いまや人間は何ものかを望むことができるようになったのである。――何に向かって、何のために、何によって人間が望むかは、当面はどうでもよいことなのだ。意志そのものが救われたのである！

しかし人間には、禁欲的な理想によってその方向が示されたあの意欲の全体が、そもそも何を意味しているかを隠すことは到底できないのだった。これが意味しているのは、人間的なものへの憎悪であり、それにもまして動物的なものへの憎悪であり、物質的なものへの憎悪であり、官能と理性そのものへの嫌悪であり、幸福と美しいものへの恐怖であり、仮象、変化、生成、死、願望、欲求そのものから逃れようとする欲求である——これらのすべてについてあえて解釈してみれば、それは虚無への意志と解釈することができるだろう。これは生を否定する意志であり、生のもっとも根本的な前提となるものに反逆することである。しかしそれが一つの意志であることに変わりはないのだ！　そしてわたしが［この論文の］最初に述べたことを、最後にもう一度繰り返すとすれば、人間は何も意欲しないよりは、むしろ虚無を意欲することを望むものである……。

訳注

（1）これは「マタイによる福音書」からの引用である。「あなたがたは地上に富を積んではならない。……富は、天に積みなさい。そこでは、虫が食うことも、さび付くこともなく、また、盗人が忍び込むことも盗み出すこともない。あなたの富のあるところに、あなたの心もあるのだ」（六章一九～二一節。聖書からの引用は新共同訳による）。

（2）ゲーテ『ファウスト』第一部三七八一行以下。大山定一訳では「なかば子どものあそびから、／なかば素朴な信心から」となっている。『ゲーテ全集2』人文書院、一一六ページ参照。

（3）定言命法は人間の道徳的な行動に無条件に適用される命令である。仮言命法は、ある目的を実現するためには何をしなければならないかを教えるが、定言命法は、「汝、なすべし」と命じる。カントの『実践理性批判』を参照されたい。

（4）パウル・レー（一八四九～一九〇一）はドイツの哲学者であり、ニーチェの親しい友人となる。ニーチェはレーの処女作『道徳に関する観察』を読んで著者に感想の手紙を送っている。ニーチェとレーはルー・ザロメをめぐって三角関係のような間柄になった。

（5）ここでニーチェは色に関連した言葉でかけ言葉をしている。前のところで「とりとめもない」と訳したところは、原文では「インス・ブラウエ」（青色に）と書かれている。ドイツ語ではこれは「むだなこと」を意味するイディオムである。そして次の「こんな〈とりとめもないこと〉よりも百倍も大切なこと」と訳した部分は、原文では「青色よりも百倍も大切な色」と書かれている。そして次の「おぼろげながらも古い事実に即したもの」のところは「灰色」と書かれているのである。訳文では色遊びはしなかった。

（6）ハーバート・スペンサー（一八二〇〜一九〇三）はイギリスの哲学者で、ダーウィンの進化論を社会に適用して、社会有機体説と社会進化論を唱えた。明治期の日本で自由民権論を批判するためにこの社会進化論が利用されたのは有名である。ニーチェは利他主義と利己主義が調停されると考えるスペンサーの道徳論を激しく批判している。

（7）ヘンリー・トマス・バックル（一八二一〜六二）はイギリス生まれの歴史家。『イギリス文明史』（一八五七〜六一）で、明治時代の日本でも有名な人物だった。歴史に自然科学的な方法を採用したことで知られる。ニーチェは一八八七年にスイスのクールの図書館でバックルの『イギリス文明史』を読んで、「わたしともっとも敵対する人物だ」と語っている（一八八七年五月二〇日付のペーター・ガスト宛ての書簡）。

（8）アーリアはサンスクリットで「高貴な」を意味する。

（9）テオグニスは紀元前六世紀に活躍したギリシアのメガラ生まれの詩人。貴族主義的な詩作品を残した。現在は彼の名を冠した作品が二巻一三八二行伝えられている。

（10）ゲール語は、ゲール人が語った言語。ゲール人はケルト人の一派で、現在のスコットランド北部高原と、アイルランド西部に住む人々の祖先とされる。

（11）ルドルフ・フィルヒョー（ウィルヒョーとも呼ばれる。一八二一〜一九〇二）は、ドイツの病理学者で人類学者。主著は『生理的および病理的組織学を基礎とする細胞病理学』（一八五八年）。ドイツ人類学会の創始者でもある。

(12) ウィア・ミッチェル（一八二九～一九一四）はアメリカの医学者で小説家。毒物学や神経学についての優れた業績を残しており、医学の素養を生かした歴史小説で知られる。代表作は独立戦争時代のクェーカー教徒を描いた『ヒュー・ウィンフリー・クェーカー』（一八九七年）。

(13) オノレ・ガブリエル・リケティ・ミラボー（一七四九～九一）はフランス革命期の立憲王政派の政治家。「人間と市民の権利宣言」の起草に参加し、一七九一年には国民議会の議長となったが、同年、病で倒れる。

(14) トゥーキュディデース『戦史』巻二、四一節。久保正彰訳、岩波文庫、上巻、二三〇ページ。邦訳ではニーチェの「良きことも悪しきことも」は「悲みと喜びを」であるが、原文は「カコーン・カガトーン」で、語の順序を別とすればニーチェの訳に近い。

(15) ニーチェは『曙光』で、英雄の時代を回顧する二つの見方があったことを指摘する。「祖先からそのことを聞いた人々」は、その時代を「悪い」と感じたが、「この騎士の種族の子孫は、それを、よい、古い、至福の時代」と回顧したという（ニーチェ『曙光』断章一八九。茅野良男訳、『ニーチェ全集7』筑摩書房、二一二ページ)。ヘシオドスのこの青銅時代の区分については、『仕事と日々』一四三～一七三行を参照されたい。

(16)イエスが十字架につけられたとき、神に祈って次のように言う。「父よ、彼らをお赦しください。自分が何をしているのか知らないのです」(「ルカによる福音書」二三章三四節)。

(17)「しかし、わたしは言っておく。敵を愛し、自分を迫害する者のために祈りなさい」(「マタイによる福音書」五章四四節)。

(18)「人は皆、上に立つ権威に従うべきです。神に由来しない権威はなく、今ある権威はすべて神によって立てられたものだからです」(「ローマの信徒への手紙」一三章一節)。

(19)「それと忿《いか》りが、——これこそ思慮に富む者をさえ腹立ちへと唆かしつけ、／融けて滴る蜜よりもなお　はるかに甘い心地でたやすく／人間の胸の奥処《おくど》に、煙のようにも　むらむらと立ち拡がるもの」(ホメーロス『イーリアス』第一八書。呉茂一訳、『イーリアス』下、岩波文庫、一一一ページ)。

(20)ダンテは地獄の門に次のような銘文を掲げている。「われ［地獄］を造りしは　聖なる力／いと高き智恵　また第一の愛／永遠のほか　われよりさきに／造られしもの無し」（ダンテ『神曲』地獄篇第三歌。寿岳文章訳、集英社、一九ページ）。

（21）トマス・アクィナス『命題集注解』第四巻第二区分第四章第四節。

（22）「そのとき、十二人の一人で、イスカリオテのユダという者が、祭司長たちのところへ行き、〈あの男をあなたたちに引き渡せば、幾らくれますか〉と言った。そこで、彼らは銀貨三十枚を支払うことにした」（「マタイによる福音書」二六章一四～一五節）。

（23）「茨で冠を編んで頭に載せ、また、右手に葦の棒を持たせて、その前にひざまずき、〈ユダヤ人の王、万歳〉と言って、侮辱した。また、唾を吐きかけ、葦の棒を取り上げて頭をたたき続けた」（同、二七章二九～三〇節）。

（24）「そして、イエスの顔に唾を吐きかけ、こぶしで殴り、ある者は平手で打ちながら、〈メシア、お前を殴ったのはだれか。言い当ててみろ〉と言った」（同、二六章六七～六八節）。

（25）「苦いものを混ぜたぶどう酒を飲ませようとしたが、イエスはなめただけで、飲もうとされなかった」（同、二七章三四節）。「そのうちの一人が、すぐに走り寄り、海綿を取って酸いぶどう酒を含ませ、葦の棒に付けて、イエスに飲ませようとした」（同、二七章四八節）。

(26)「弟子たちが来て死体を盗み出し、〈イエスは死者の中から復活した〉などと民衆に言いふらすかもしれません」（同、二七章六四節）。

(27) テルトゥリアヌス『見世物について』第二九章以下。ただしコンメンタール巻の指摘にしたがって、引用文中の vivos を visos と読んでいる。なお八四ページ一二～一三行目のニーチェの挿入文で「イエスの母の周知の呼び名」というのは、その後の「娼婦」のことを指す。バビロニア・タルムードの『サンヘドリン』六七aは、別文においてマリアが娼婦であったかのような記述をしている。

(28) タキトゥス『年代記』一五巻四四節。国原吉之助訳、下巻、岩波文庫、二六九～二七〇ページ。そこでタキトゥスはユダヤを「この禍悪の発生地」と語っているが、「人類敵視の罪」を犯したことが咎められているのはユダヤ人ではなく、キリスト教徒である。

(29) 原文は「カーペット作り」であるが、パウロは「テント造り」が職業であったと「使徒言行録」一八章三節は伝えている。

(30) 古ドイツ語ではエーレントとはエリ・レンティ、「異郷にあること」を意味した。

(31) カール・オイゲン・デューリング(一八三三〜一九二一)はニーチェと同時代のドイツの哲学者。ニーチェは一八七五年頃に、ショーペンハウアーを批判する手がかりとして、デューリングの『生の価値』(一八六五年)と『哲学教程』(一八七五年)を集中的に読んでいる。社会主義者としても有名で、フリードリヒ・エンゲルスは『反デューリング論』を執筆して批判した。

(32) トマス・ヘンリー・ハクスリー(一八二五〜九五)はイギリスの生物学者。ダーウィンの進化論を擁護するために活発に発言した。とくに『自然界における人間の位置』では、それ以前にはダーウィンがとくに触れていなかった人間の進化の問題を提起し、類人猿から進化したと主張したことで名高い。

(33) 紀元前五世紀頃のギリシアの哲学者ヘラクレイトスは、エフェソスのポリスから法律を制定してくれと頼まれたが、もはや国家が悪しき政体に支配されているという理由でこれを拒み、「アルテミスを祭る神殿に退隠し、子どもたちに混じって骰子《さいころ》遊びをしていた」と伝えられる。そしてエフェソスの人々が不審がると、「君たちと国政に携わるよりもこうしている方がまし」と言い放ったのである(『ソクラテス以前哲学者断片集　第I分冊』三浦要訳、岩波書店、二八四ページ）。

（34）ホメーロス『オデュッセイアー』第一書。呉茂一訳、岩波文庫、上巻、一三ページ。アイギストスは、アガメムノン王を殺害した人物。妻のクリュタイメストラと謀って、トロイアから帰国したアガメムノンを殺害する。そして息子のオレステスから、父親の仇として殺害されるのである。アイギストスの「行き過ぎ」についてては、そのすぐあとでゼウスが「アイギストスは、定めを超えてアトレウスの子の、／れきとした奥方であるクリュタイメーストレーと通じて、夫が帰国／したところを殺害した」と指摘している。

（35）ハーフィズ（一三二六頃～九〇頃）はペルシアの詩人で、女、酒、愛などについて神秘的な比喩と象徴に満ちた詩作品を発表した。ゲーテの『西東詩集』に影響を与えたことで有名である。『ハーフィズ詩集』黒柳恒男訳、平凡社。

（36）サテュロスはギリシア神話でディオニュソス神の従者として登場する半人半獣の生き物で、長い尾と巨大なペニスをもち、ひょうきんに跳ねまわる。日本の狂言のように、ギリシアの悲劇が演じられた後にサテュロス劇が喜劇として演じられるのがつねだった。

(37) ゲオルク・ヘルヴェーク(一八一七〜七五)はドイツの詩人で、政治的な活動にもたずさわった。『生ある者の詩』(一八四一年)は革命的な時代に大きな影響を与え、四八年の二月革命の後はパリに赴いて、ドイツ人の政治的な指導者となった。

(38) カントは美を趣味の概念を媒介にして、次のように定義した。「趣味とは、或る対象もしくはその対象を表象する仕方を、一切の関心にかかわりなく適意或は不適意によって判定する能力である。そしてかかる適意の対象が即ち美と名づけられる」(カント『判断力批判』第一章「美の分析論」。篠田英雄訳、岩波文庫、上巻、八四ページ)。

(39) コンメンタール巻によると、ニーチェの蔵書にあったスタンダールの次の書物からの引用である。Stendahl, Rome, *Naples et Florence*, Paris, 1854, p.30. ここでスタンダールは「美とは、わたしには幸福の約束でしかありえないと思われる」と語っていた。

(40) ピュグマリオンはギリシア神話の人物で、キプロス島の王だった。象牙で女性の裸像を彫刻したが、あまりに美しくできたので、女神アフロディーテに、この像とそっくりな女性と結婚したいと願った。すると像が動きだして、人間になったのである。

(41) カントは美については、人間の五感のうちで視覚と聴覚を重視する。視覚は美しいものを眺めることができ、聴覚は美しいものを聞くことができる。ところが嗅覚と味覚は、個人的な趣味の問題であり、普遍的な美とかかわりがない。また触覚は美とはもっとも遠いものであり、彫刻の「形態は視覚と触覚とによって知覚される(しかし美は、触覚そのものにはかかわりがない)」とした(カント『判断力批判』第二章「崇高の分析論」。邦訳は前掲書二八二ページ)。

(42) ショーペンハウアー『意志と表象としての世界』正編第三巻、三八節。『ショーペンハウアー全集3』斎藤忍随ほか訳、白水社、五二ページ。イクシオンはギリシア神話に登場するテッサリアの王。ゼウスの妻ヘラに恋して、ヘラを凌辱しようとしたために、ゼウスは王を絶えず回転する火の車輪に縛りつけ、地下の世界に追いやったとされている。

(43) この文章は、息子が誕生したときに仏陀が語ったとされる言葉とともに、ニーチェの蔵書のうちのH・オルデンベルク『ブッダ、その生涯、教説、教団』(H.Oldenberg, *Buddha, Sein Leben, seine Lehre, seine Gemeinde*, Berlin, 1881, pp.122, 124)

(44) ヘラクレイトスの逸話については、注33を参照されたい。

からの引用である。

(45) ヴィシュヴァミトラ王はインドの叙事詩『ラーマーヤナ』に登場する聖仙の一人であり、長い苦行ののちに、聖仙になることができたと伝えられる。

(46) ヴェーダーンタ哲学は、インド古代のウパニシャッド哲学の別名である。ウパニシャッドが聖典ヴェーダの最後(アンタ)に語られたために、こう呼ばれた。ヴェーダーンタはまたウパニシャッドを考究する学派「ブラフマ・ミーマンサー」の名称でもあり、ブラフマンとアートマンの考察を中心とする。代表的な哲学者はシャンカラである。

(47)「死の舞踏」は、疫病や飢餓に苦しめられた人々が、踊り狂いながら、現実から逃避しようとした集団ヒステリー的なふるまいをさす。一三四六年から黒死病と呼ばれたペストがヨーロッパを襲い、人々は埋葬の場や広場などで、生への絶望から倒れるまで踊り続けた。骸骨であらわされた人々が踊り狂う「死の舞踏」は、当時の絵画の重要なテーマだった。

(48) ファリサイ派はパリサイ派と呼ばれることもあり、イエスの時代のユダヤ教の主流だった一派である。戒律を重視し、イエスの弟子たちが安息日を守らないことを非難するなど、新約聖書では敵役として登場する。

(49) イエスは、ある村でマルタという女性の家に招かれ、話をしていた。マルタはイエスの世話に忙しかったが、マルタの妹のマリアは何もせず、ただイエスの話だけを聞いていた。マルタがマリアについて苦情を述べると、イエスは「必要なことはただ一つだけである。マリアは良い方を選んだ。それを取り上げてはならない」といましめたのだった(「ルカによる福音書」一〇章四二節)。

(50) 『十二夜』に登場するアンドリュー・エイギュチークの言葉「あんまり牛肉を食べ過ぎると、智恵が鈍くなる」(一幕三場)による。ドイツ語訳ではクリストフ・フォン・ブライヒェンヴァング殿と訳された(この訳注は白水社版の『ニーチェ全集』の訳注、三〇八ページによっている)。

(51) 聖テレサ(一五一五〜八二)は、スペインのアビラで生まれたキリスト教の神秘思想家。最初は修道会のカルメル会に入ったがあきたらず、一五六二年にアビラに原始キリスト教の厳しい戒律を守る跣足カルメル会修道院を設立した。みずからの恍惚に満ちた神秘体験を記録した書物を残している。

（52）シャンカラ（七〇〇頃～七五〇頃）はインドのヴェーダーンタ学派の哲学者で、仏教の影響のもとで、宇宙には唯一無二の最高のブラフマンだけが存在すると主張する。コンメンタール巻によると、ニーチェが利用しているのは、Paul Deussen, *Das System des Vedanta*, Leipzig,1883, *Die Sutra's des Vedanta aus dem Sanskrit*, Leipzig 1887である。

（53）アーノルド・ゲーリンクス（一六二四～六九）は、オランダのデカルト主義哲学者。神が人間のすべての行為の原因であると考えて、神に意志的に従属することが徳となると主張した。

（54）コンメンタール巻によるとここであげられている伝記類はニーチェが購入した次の書物である。E. Ortlepp, *Lord Byron's Vermischte Shriften*, Stuttgart; W. Gwinner, *A. Shopenhauer aus persönlichem Umgange dargestellt*, Leipzig, 1862; A. W. Thayer, *L. van Beethoven's Leben*, Berlin, 1866 ff ; J. Janssen, *Geschichte des deutschen Volks seit dem Mittelalter*, Freiburg, 1877.

（55）イポリット・テーヌ（一八二八～九三）はフランスの歴史家で哲学者。実証主義的な批評を展開した。主著は『芸術哲学』『英国文学史』。

（56）レオポルト・ランケ（一七九五〜一八八六）はドイツの歴史家で、近代歴史学の父とも呼ばれる。資料の客観的で科学的な分析を目指して、近代的な歴史学の基礎を作りだしたとされる。

（57）ニーチェの遺稿によると、この外交官とはフランスの外交官で政治家のタレーラン（一七五四〜一八三八）で、これは彼が公使館付きの若い書記官たちに語った言葉だという。『ニーチェ全集』第Ⅱ期第十巻、清水本裕訳、白水社、二〇九ページ参照。

（58）イエスはピラトから、お前はユダヤ人の王かと尋ねられて、「わたしの国は、この世には属していない。もし、わたしの国がこの世に属していれば、わたしがユダヤ人に引き渡されないように、部下が戦ったことだろう。しかし、実際、わたしの国はこの世には属していない」と答えるのである（「ヨハネによる福音書」一八章三六節）。

（59）ゲーテのエッカーマンとの対話、一八三〇年二月一四日の項。

（60）ウェルギリウス『アエネーイス』五巻参照。泉井久之助訳、岩波文庫、上巻、二九七ページ。

(61) ルターが一五二一年のヴォルムスの国会で語ったとされる言葉。

(62) もちろんペトロがほんとうに不死であるわけではない。ペトロの名はアラム語で岩を意味するケファであり、ペトロという呼び名はそのギリシア語訳ペトロスから来ている。イエスはペトロがイエスのことを誰よりも先に救世主だと認めたことを褒めて、「あなたはペトロ。わたしはこの岩の上にわたしの教会を建てる。陰《よ》府《み》の力もこれに対抗できない。わたしはあなたに天の国の鍵を授ける。あなたが地上でつなぐことは、天上でもつながれる。あなたが地上で解くことは、天上でも解かれる」と言い残している（「マタイによる福音書」一六章一八〜一九節）。キリスト教の教会の教導と救済の権利はこの言葉に依拠しているのである。

(63) パウロが語っているところによると、ギリシア人たちは、自分たちの神に名前をつけようとしなかった。ギリシア人たちは自分たちの祭壇に「知られざる神に」と刻んでいたのである。「使徒言行録」一七章二三節参照。

(64) シャヴィエ・ドゥーダン（一八〇〇〜七二）はフランスの作家。ニーチェが引用しているのは、Xavier Doudan, *Melanges et Lettres*, 4 vols, Paris, 1876 のようである。

(65) アナクレオンは紀元前六〜五世紀頃のギリシアの叙情詩人。恋愛と酒を称えた作品で有名である。ニーチェが引用しているのは「女性の美について」である。雄牛の武器が角であるように、女性の武器は美しさだと逆説的に女性を讃美した。

(66)「白く塗りたる墓」は、外面だけを美しく飾り立てた偽善者を指す。「律法学者たちとファリサイ派の人々、あなたたち偽善者は不幸だ。白く塗った墓に似ているからだ。外側は美しく見えるが、内側は死者の骨やあらゆる汚《けが》れで満ちている」による(「マタイによる福音書」二三章二七節)。

解説──『道徳の系譜学』の方法

中山　元

系譜学の方法の目的

『道徳の系譜学』はニーチェには珍しく、論文形式で書かれている。この書物は三つの論文「『善と悪』と『良いと悪い』」「『罪』『疚しい良心』およびこれに関連したその他の問題」「禁欲の理想の意味するもの」で構成されている。

本書の「訳者あとがき」で紹介するように、ニーチェは後にこの書物を振り返って、この三つのどの論文でも最後のところで「新しい真理が厚い雲間から顔を出す」と考えていた。この「新しい真理」というものがどのようなものかは、「訳者あとがき」をごらんいただくとして、この「解説」では、ニーチェの系譜学という方法に忠実に、ニーチェが考えている歴史的な道徳の系譜について考えてみよう。

まず、ニーチェがこの書物で使った系譜学という新しい方法にどのような目的があったかを確認しておこう。系譜学という方法は、ミシェル・フーコーが一つの方法論にまでしあげた技法であるが、ニーチェはこの方法によって、西洋の伝統的な道徳とその価値観がどのようにして作りだされたかを明らかにしようとするのである。

これにはほぼ三つの意味があるだろう。一つは道徳の系譜を考察することで、西洋における「価値の価値の評価」の歴史的な考察を行うことである。ニーチェの究極のプロジェクトが、善と悪という価値の起源を問うことで、「価値の価値の評価」の転倒を行うことだったことを考えてみると、これはニーチェの畢生の課題を実現する営みと言えるだろう。「価値の価値の評価」を転倒するということは、西洋の文明そのものにおいて、「善とされているもの」と「悪とされているもの」の起源を暴き、その倒錯を明らかにするということであり、これは西洋の文明と文化の全体的な批判を行うということである。

第二に、西洋文明の批判を行うということは、ニーチェがいま生きている社会の価値観そのものを俎上に載せるということであり、それはニーチェの生き方そのものを問い返すということになる。みずからの生きる時代を作りだした地層を掘り下げることで、ニーチェ自身とその時代の存在論的な批判を行うことを意味していた。

第三に、そこに一つの「倒錯」が含まれていることを示すことで、ありえたであろうもっと別の道の可能性を探ることができるようになる。西洋の道徳を批判すること、そしてニーチェにとっても同時代の人々にとっても、ごく当然のものとされていた価値観を批判することは、もっと異なる価値観の可能性を浮き彫りにすることであり、もっと別の生き方の可能性を探ることでもある。

『善悪の彼岸』においては近代の哲学と、その前提となった古代以来の哲学の伝統の批判が行われていたが、『道徳の系譜学』では、ニーチェと同時代の社会が暗黙のうちに前提としている価値観そのものを批判しながら、新たな生の可能性を探ること、「来たるべき哲学者」の可能性を探ることを目指すことになるのである。『善悪の彼岸』で拓かれた領土が、自己批判的なまなざしのもとで、新しい哲学と新しい生の道を切り拓く土台として、さらに探検されることになるのである。

社会契約と刑罰の役割——第二論文

道徳の系譜を歴史的にさかのぼってゆくと、その源泉のところに登場するのは、社会を作りだしたことで、その恩恵に浴しながらも、そこから生まれた副産物としての害悪に悩む人間たちの姿である。本書の第二論文「『罪』『疚しい良心』およびこれに関連したその他の問題」の役割は、その起源を明らかにすることにある。かつてルソーは『人間不平等起源論』で、同じような問題を考察していた。人間は歴史のある時点で、どうしても社会を形成せざるをえなくなったとルソーは考える。「さまざまな問題が発生し、人間はこうした問題を克服することを学ばねばならなかった(1)」のであり、そのために野生人は集まって社会を形成したのである。

同じようにニーチェも、人間の道徳の形成の端緒は、「約束することのできる動物」（本書九七ページ。以下では本書からの引用はページ数だけを表記する）となることにあったと考える。それは人間が〈至高な個人〉（一〇一ページ）として、社会の中で生きることを学ぶということであり、「未来という観念そのものがない」ルソーのカライブ人(2)とは違って、過去においてみずからなした約束を、未来にいたるまで守ることのできる人間、責任のある人間であることを学ぶということである。

この約束を守ることを知らず、責任を負うことを知らない人間は、社会のうちで暮らしてゆくことのできない人間であり、社会にとっては「善」とならない者である。責任をひきうけることのできる人間は「社会性という〈樹〉のもっとも成熟した果実」（同）であり、この責任についての知は、社会で生きる人間の「支配的な本能」（一〇三ページ）となり、それが「良心」と呼ばれたのだった（同）。

ひとたび結んだ約束を守る責任のある存在であることは、社会で生きる者の義務であり、それは一つの「社会契約」のような意味をもつのだった。もちろんこれに違反する者は跡をたたず、社会はこの責任についての知を社会の成員に守らせるために、さまざまな手段を作りだした。最初に考えだされた方法は、違反者を処罰し、拷問を加えることだった。「人間がみずからに記憶を刻み込もうとするときにはつねに、流血と拷問と犠牲なしでは済まなかった」（一〇五ページ）のであり、「初子の犠牲」「身体の毀損」「宗教の礼拝におけるきわめて残酷な儀礼」（一〇五〜一〇六ページ）などはすべて、この知を身体に刻印することを目的としていたのである。

さらに違反者の処罰が見世物とされる風習も、そのために重要な役割をはたした。「このような光景と先例の力で、人々は社会生活の恩恵のもとで生きるために、自分が約束してきたことについて」（一〇八ページ）、記憶に刻むことができるようになるのである。

ここまでは問題がないようにみえる。社会の恩恵をうけるすべての人々は、社会の規範を守り、社会契約として結んだ約束を忘れないようにし、違反した場合には処罰されることをうけいれるのである。しかしここでニーチェの描く社会のうちに、小さな「裂け目」が発生する。ルソーの『人間不平等起源論』では、社会の成立は同時に不平等の成立でもあったが、同じようにニーチェが描く道徳の系譜でも、社会を構成した後に、成員の間に不平等が忍び込んでくるのである。社会の中に債権者と債務者、主人と奴隷が登場してくるからである。

ニーチェはこの不平等の由来については明確にしていない。しかし「購入、販売、交換、取引、交易などの基本的形式」(一一一ページ)のうちから、債権者と債務者という不平等な関係が登場してくること、そしてその背後に富の不平等が想定されているのは間違いのないところだろう。富が偏在し、自分の必要を満たすだけでなく、他者の必要を満たすだけの財を所有する人物と、返済するという約束を保証するために「自分の身体とか、自分の妻とか、自分の自由とか、自分の生命など」(一一二ページ)を債権者に担保として入れねばならない貧しい人物とに分かれてくるのである。

債権者は債務者にたいして〈主人の権利〉(一一三ページ)を行使することができるのであり、「相手を『目下の者』として軽蔑し、虐待することができるという優越感を味わうことができるようになった」（一一三〜一一四ページ）。ここにおいて、身体に記憶を刻み込ませる儀礼の他に、債務者が守るべき義務と債権者が行使できる権利、ならびに債権者の代わりにその権利を行使すべき社会の当局の義務と権利が定められるのであり、法が登場する。この「債務の法律の領域」（一一四ページ）こそが、良心や義務などの「道徳的な概念の世界の発祥の地」（同）であるとニーチェは指摘する。

第一の逆転：良心の発生

しかしここからすぐに良心が誕生するわけではない。社会契約に違反した者、貧困のために債務を負って、それを返済することができず、義務を守れずに違反した者、そうした者にたいしてはたしかに法が施行され、刑罰が加えられるが、こうした刑罰は人間の意識や良心などを問題とするものではなかった。原始社会の刑罰の目的は、「恐怖心を強めること、悪賢さを助長すること、欲望を制御させること」（一五三ページ）にあったのであり、人間の良心に働きかけるものではなかったのである。

ここで奇妙な逆転が発生する。人々は自分たちの欲望をさらに十全に満たすために社会を形成したはずだったが、その社会が欲望を満たすマシンではなく、欲望を抑圧するマシンへと変身してしまったのである。

この逆転の大きさをニーチェは、水棲動物が水中で生きることができなくなったために「陸棲動物になるかそれともそのまま滅びるかという選択に迫られたときに経験した変動と同じ種類のもの」(一五四ページ)と形容する。ということは、人類が生存するためには社会を形成しなければならなかったのと同じように、社会のうちで生きる人々は、「良心」という奇妙なものを抱え込まざるをえなかったということを意味する。

この良心の不思議さは、それがその持ち主を虐待するということである。すべての動物には自己保存の本能があり、この本能は自己を虐待するようなことはない。若鳥を守るためにおとりになって狐の注意をそらす母鳥はいても、好き好んで自己を危険にさらす母鳥はいない。しかし人間は社会のうちで生きるうちに、自己の欲望を否定し、良心によって「秘めやかな自己への暴力」(一六二ページ)を行使することを学んだのである。そしてこの自己否定のうちにおいて悦楽を、つまり「残酷さにつきものの快感」(一六三ページ)を享受することを学んだのである。これは何とも奇妙な倒錯ではないだろうか。

社会は人々の力を結びつけることで、それまでになく大きな欲望を充足する手段を与えた。ルソーは、それが文明をもたらしたが、同時に人間に大きな不幸をもたらしたと指摘した。同じようにニーチェは、社会がもたらした幸福は無償なものではなかったこと、社会の中で生きることの代価として、人間が自己の欲望を否定して生きることを学んだことを指摘する。社会は、社会の成員を他者の暴力から保護するための「防壁」であるはずだったし、たしかにそのようなものとして機能していた。しかしあるとき、人々はそれが自分たちを閉じ込める「檻」となっていることを発見したのである。「こうした防壁が人間にもたらしたのは、野性的で、自由で、漂泊する人間のすべての本能が向きを変えて、人間そのものに刃向かうようになることだった」（一五六ページ）のである。

フロイトは、外部に向けることのできないリビドーは内側に向かってナルシシズムを強めるとともに、鬱病という精神の病をもたらすことを指摘していた[3]。ニーチェは同じように、かつては他者に向けられていた「敵意も、残酷さも、迫害し、襲撃し、変革し、破壊することの快感も、——すべてがこうした本能の持ち主へと向きを変えた」（同）と指摘する。そこにおいて「疚しい良心」が誕生するのである。フロイトは良心とは、超自我の審級であり、その主体を見張り、咎め、告発する働きであることを指摘するようになるが、(4)フロイトがニーチェから学んだものは大きいのである。社会のうちで生きる主体は、良心という審級をそなえていて、自己を否定し、自己を規制する責任のある個人であることを求められる。自立した個人とは、かつての貴族階級のように、自分の欲望を十全に発揮し、自己を肯定する人物ではなく、自己の欲望を否定できる人物になったのである。カントの実践理性と道徳の定言命法に、この残酷さの匂いがあることをかぎつけたニーチェの鼻は鋭いのである。

第二の逆転：ルサンチマン――第一論文

このように第一の逆転では、社会は欲望を充足するためのマシンではなくなり、人々は社会の中で生きるためには、自己の欲望を否定することを学ぶことを強いられた。これは個人にとっての善が社会にとっての悪となり、社会にとっての善が個人にとっての悪となるという善悪の逆転であった。

ルソーが語っていたように、これは文明と社会が抱える原理的な問題であるかのように思える。ところがニーチェは人類の歴史には、ある特別な意味での善悪の逆転が発生しているようにみえることに注目する。ニーチェは文献学と文化人類学的な考察の帰結として、多くの社会にあっては、善というものが、力のあるものの自己肯定的な価値観であったことを確認する。しかしこの価値観にたいする反乱が発生し、善が悪に、悪が善になるという歴史的な出来事が発生していたのである。それが怨恨の念、ルサンチマンの感情がもたらした転倒だった。この転倒について考察するのが、第一論文「『善と悪』と『良いと悪い』」である。

この感情の源泉となったのは、社会のうちで主人として生きる人々と、奴隷として、あるいは支配者に服従する者として生きる人々の対立である。これはすでに指摘した債権者と債務者の対立かもしれないし、たんに力の強い者と力の弱い者の対立であるかもしれない。

この対立を主人と奴隷の対立として考えるならば、ヘーゲルの『精神現象学』における主人と奴隷の対立が下敷きになっているとみるべきだろう。ヘーゲルの主奴論では、他者との対立において、生きることに執着せず、自分の生命を賭けた者が主人となり、みずからの生命を惜しんだ者が奴隷となって、主人の生を養うために働くことになる。

ニーチェの主奴論でも、社会のうちで戦士として戦う勇気のある者が主人という種族として人々を支配するようになる。これが貴族階級であり、「征服した種族、主人である種族」（四四ページ）である。ニーチェはその典型として、ギリシアの貴族を考える。これは「生まれの良い者たち」であり、「運の良い者」（五九ページ）であり、「力に満ちあふれた人々であり、それゆえ必然的に能動的な人間」（六〇ページ）であった。彼らは行動することと幸福であることを区別することがなく、自分の力を発揮することで幸福になることのできる人々だった。そしてこうした人々は自分たちを「良い者」と考え、自分たちのような力を発揮することのできない者を劣った者たち、不幸な者たち、「悪しき者たち」と考えたのだった。これがルサンチマンに汚されていない良いと悪いの概念である。

良い者たちは、戦士として、戦において自分の生命を賭けて戦うのであり、その勇気を発揮することができた。そしてその勇気のない「悪しき者たち」は、命を賭けずに労働することで貴族たちを養う運命にあった。彼らは抑圧され、屈従し、労働する「小羊たち」だった。この者たちは自分の運命を呪うことしかできなかったし、幸福と言えるものは、「麻酔、失神、休息、平和、『安息日』、感情の弛緩、四肢を伸ばすこと」（六〇ページ）などのように、日常の生の苦痛から解放されるという「受動的なもの」（同）にすぎなかったのである。

こうした者たちは、自分たちを支配する主人と、自分たちを苦しめる運命にルサンチマンを抱くしかなかったのである。そしてルサンチマンは、幸福な人々を眺めて、自分の幸福を人為的に作りだし、「自分に嘘をついてだます」（同）ことを教えることで、こうした人々に幻想のうちでの幸福を作りだすのである。それがルサンチマンの機能だった。苦しい生涯にあえぐ人々がなんとか作りだした生きるための智恵のようなものだったのである。

しかしこの智恵は無償ではなかった。それはこの智恵のもとで生きる人々にとって「毒となる」（六一ページ）のだった。この感情は持ち主をさらに卑屈にするし、無力な者の内に「籠ったような憎悪と復讐の念」（五八ページ）を抱かせる。この者たちからは、「出来損ないの魂のはらわたの臭気」（七〇ページ）が漂うのである。そしてこのルサンチマンが作りだした幸福も、「だまし」にすぎないのであり、人々の不幸はまったく改善されないのである。

ここで奴隷たちのうちで、ある奇妙な価値の逆転が行われるようになったとニーチェは考える。それは奴隷たちが主人の考えている〈良い〉と〈悪い〉の概念をまったく転倒させたからである。それまで良いものとしてみなされたものは、自分の力を発揮して、自分の生を切り拓く能動性であった。しかし奴隷たちにはそのような積極的な生は望むべくもない。そこで奴隷たちは、価値を逆転させる。主人たちは奴隷たちを抑圧する者、服従させる者、厳しい労働を強いる者である。こうした者たちは、自分たちの行動を良いものと呼んでいるが、奴隷にとってはこれは自分たちの生を損ねるものであるから「悪」である。この観点からみると、主人たちが悪を体現しているのであり、自分たちはその悪の反対の存在、すなわち善であるということになる。

ニーチェはこれを巧みな比喩で語る。猛禽たちは小羊を襲って、自分の食べ物としてしまう。小羊にとっては、猛禽は自分たちの生を奪う「悪」である。そこで小羊たちは「この猛禽は悪い。そして猛禽とかけ離れた者、猛禽の反対である者、すなわち小羊が、――善い存在なのではあるまいか」(七二ページ)と仲間うちで囁くようになる。この理想の立てかたに非難すべきところはない。ただ猛禽は小羊はおいしいと笑うだけである。しかしここで善と悪の概念が逆転したことはたしかである。それまで主人に抑圧されていた奴隷たちは、抑圧する行為を悪であるとして、自分たちを善なる存在であるとして反撃することができるようになったのである。善なる存在とは、「暴力を加えない者であり、誰も傷つけない者であり、他人を攻撃しない者であり」（七五ページ）、要するに「辛抱強い者、謙虚な者、公正な者のことである」（同）というわけだ。

二つの道の統合：司牧者の役割――第三論文

それではこのルサンチマンの道と良心の道はまったく独立したものなのだろうか。ニーチェは法と正義が良心の源泉であると指摘していたが、良心は法と正義からまっすぐに生まれてくるわけではないというのが、問題の難しさである。ホメロスの叙事詩に描かれるギリシアの英雄たちは、「良心」などというものはまったく知らないかのようにふるまう。たとえばアキレウスは自分の欲望にきわめて忠実に生きるのであり、仲間の兵士たちがいかに困ろうと、知ったことではないのである。それぞれ、おのれの力を尽くして、好きなようにやればよいと考えていたのだ(5)。

人類の歴史において、この良心という審級とルサンチマンが結びつくために、ある特別な民族がきわめて大きな働きをしたのである。ニーチェは、厳しい運命に苦しんでルサンチマンの感情を抱くようになったユダヤ民族のもとでの一神教の成立が、この良心の揺籃となったことを指摘する。そのためにこそ、ニーチェはルサンチマンという概念を必要としたのだった。

ルサンチマンは、強い者に抑圧された弱い者が、自己満足のために必要とした〈麻酔薬〉のようなものだった。だからギリシアの貴族のような強い者たちは、このようなルサンチマンの薬を必要とすることはなかっただろう。そして良心というものが、ニーチェの語る歴史のうちでは、ルサンチマン以外に自分を肯定するすべを知らない弱い者のうちから誕生したことは明らかだろう。弱い者は、強い者によって抑圧されていたために、自分の自由な本能を自由に発揮することができなくなる。弱者の自由な本能が「内攻し、内面という牢獄に幽閉され、最後にはみずからに向かってしか爆発し、発散することができなくなった」(一六一ページ)ときに、この「疚しい良心という醜悪な植物」(同)が成長したのである。

弱い者たちのうちでは、自分たちを抑圧する強い者のイメージは、自分たちを生んでくれた祖先のイメージと結びつくことで、神の姿をとるようになる。「もっとも力の強い種族の祖先は、恐怖の幻想が強まるにつれて、法外な存在にまで成長し、神的な不気味さと想像を絶する闇の中に押し込められるに違いない。——最後に祖先は神に姿を変えるようになるのは必然である」（一六六〜一六七ページ）。この恐るべき神は、ギリシアのような朗らかな多神教の神ではなく、「われ一人が神」と唱える神であり、嫉妬心に燃え、信仰心の薄い民を罰して、バビロンで捕囚とされる運命を定めるような神であったに違いない。

民は自分に不幸が襲いかかるたびに、自分たちが神を裏切り、神の鞭が襲ってくるようなことをしたに違いないと、自分の良心を点検するようになるのである。良心は強い者たちのうちからではなく、不幸に苦しむ弱き民のうちから誕生するのである。この良心という審級がその後の人類の歴史においてもった重要性を考えると、良心を発明した民は傑出した民と呼ぶべきだろう。

しかし弱い者たちがみずからこの審級を発明したのではないとニーチェは考える。そこには、この審級を作りだし、民に教え込む特殊な存在が必要だったのである。それが司牧者である。そして第三論文「禁欲の理想の意味するもの」は、良心の形成において司牧者がはたした役割と、それが同時代の西洋文明にまでもたらしている〈負の遺産〉を解明することを目的とするのである。

ユダヤの民において司牧者は、民のうちから選ばれた司祭であり、民の一人として、共同体を守るために民の良心を点検する任務を負っていた。その意味では司祭は〈弱き者〉の一人である。司牧者は、戒律に照らして民に自己の良心に問い掛けさせ、戒律に違反していないかどうかを調べさせる。そして民が違反している場合には告白させ、その罪にみあった犠牲を捧げさせることで、神の怒りから逃れようとしたのである。嫉妬深い神ヤハヴェに率いられた民であるユダヤの共同体は、もしもその内部に違反者を抱えている場合には、共同体の全体が処罰され、民族が滅びる危険性があったからである。

しかし司牧者の役割はこのような良心の点検だけにあるわけではない。ニーチェがとくに重視するのは、司牧者が禁欲的な理想を作りだし、これを体現する存在としても機能したことである。そしてこのとき司牧者は、弱い者の一人であるよりは、強い者のうちから生まれたようにもみえる。民の良心を吟味するためには、司牧者は民と同じように病にかかった弱い者でなければならないが、禁欲的な理想をみずからに課し、それを実行するためには、意志の強さをそなえた「強い者であらねばならないし、他者よりもまず自己を支配することができなければならない」（二五〇ページ）のである。

司牧者は、檻の中で生きることを強いられた現実の生活を逆転してみせる。たしかに檻の中では、自由に欲望を充足することはできない。しかしみずから自分の欲望を否定して生きることはできる。欲望を抱かずに生きるならば、欲望が充足されないことに苦しむことはないだろう。自己の欲望を完全に滅却してしまえば、人生に苦しみというものはなくなるのである。しかし自己の欲望をなくすには強い意志が必要であり、ルサンチマンを抱く弱者ではなく、自分の欲望を充足することのできる強い者でなければ、このような業《わざ》はなしえないのである。この強い者が際だっているのは、自分の欲望を充足することそのものにおいてではなく、自分の欲望を否定することを欲望し、その欲望を完全に充足することにおいてである。欲望の否定を、欲望が充足されないという否定的なまなざしで眺めるのではなく、欲望しないことを欲望するという肯定的なまなざしで、聖者という理想的な人間像として、輝かしいものとして眺めるという逆転を遂行するのである。

ニーチェは同時期に書いた『悦ばしき智恵』の第五書の「宗教の起源について」という断章において、司牧者が民の「押しつぶされた生活」に新しい解釈を与え、それに新しい価値を与えたことで、宗教が成立したと指摘している。禁欲的な生を欲望が充足されないという否定的なものとしてみるのではなく、高い価値のあるものと解釈することで、「生活が至上の価値によって隈なく照り輝いてみえるようにさせ、かくして今や［禁欲的な］生活を、そのために人々が闘い、ときには生命を投げだすような」貴重なものに替える手品を演じたのが、司牧者なのである[6]。

司牧者が行ったことはルサンチマンの方向を転換させ、もはや強い者に怨恨を抱くことではなく、自己へと向け変えること、「あらゆる苦悩する者たちの悪しき本能を、自己の規律、自己の監視、自己の克服のために活用し尽くすこと」（二五六～二五七ページ）だったのである。

キリスト教はこのユダヤの民の司牧者の技術をひきつぎ、さらに原罪、イエスによる贖罪、彼岸での復活という教義を採用することで、複雑な神学体系を構築することができた。キリスト教はユダヤ的な価値観を否定するのではなく、その重要な遺産をうけついだのである。ユダヤ的な価値観をその深い根として、憎悪の衝動の強い力で、「広く枝をはった勝ち誇った樹冠として伸びてきた」（五二ページ）ものなのである。キリスト教がローマ帝国で国教として定められた結果、この宗教は西洋の文明の根幹として、社会の隅々にまで浸透した。キリスト教にたいするニーチェの愛憎もまた、それに応じて深いものとなったのである。

哲学と学問の批判

ニーチェがこの書物で目指しているのは、ユダヤの民の道徳的な価値観をひきついだキリスト教的な価値観をさらに転倒することである。たんに道徳的な善と悪の概念を転倒することではなく、西洋文明の根本的な価値観を転倒することを目指すのである。そのためには、道徳的な善と悪の概念を批判するだけでは不十分だった。『善悪の彼岸』がデカルト以来の近代哲学の批判を重要な課題の一つとする書物であったように、この『道徳の系譜学』もまた、哲学の批判を企てる。しかしこの第三論文が重要なテーマとしているのは、哲学や芸術だけでなく、自然科学と人文科学を含めた学問全体の批判である。

というのは、科学的な態度に裏づけられた学問というものは、司牧者的な理想とは無縁なもののようにみえるからである。この学問は、「明らかに自分だけを信じ、明らかに自己への勇気をもち、自己への意志をもっており、神、彼岸、否定的な道徳の力を借りることなく、目標を実現してきた」（二九六〜二九七ページ）ようにみえる。

しかしニーチェは学問が真理というものを信じているかぎり、学問もまた禁欲的な理想を追い求めるものであること、「この理想のもっとも新しく、もっとも高貴な姿」（二九七ページ）であることを指摘している。学問も「一つの形而上学的な信仰に依拠している」（三〇五ページ）のである。近代の誇る哲学も、科学的な成果も、ルサンチマンから生まれた「奴隷の叛乱」の産物にすぎないというニーチェの批判は、科学的な成果を享受する資本主義的な社会の「檻」のうちで、すなわち「鋼鉄のように堅い外枠[7]」の中で生きることを強いられている現代のぼくたちの姿をもまた、照らしだすのである。

（1）ルソー『人間不平等起源論』中山元訳、光文社古典新訳文庫、一二五ページ。

（2）同、七九ページ。

（3）フロイト「喪とメランコリー」（『人はなぜ戦争をするのか　エロスとタナトス』中山元訳、光文社古典新訳文庫所収）を参照されたい。

（4）フロイト「心的な人格の解明」（前掲書に所収）を参照されたい。

（5）ただし母親殺しのオレステスには、良心の影がさしている。これについては中山元『賢者と羊飼い　フーコーとパレーシア』（筑摩書房）の第一部第五章を参照されたい。なお、この書物では、ニーチェの道徳の系譜学の試みにしたがって、司牧者の技術と、それが西洋の文明にもたらした遺産について考察した、フーコーの分析を紹介している。

（6）『ニーチェ全集8　悦ばしき知識』断章三五三。信太正三訳、ちくま学芸文庫。

（7）マックス・ウェーバー『プロテスタンティズムの倫理と資本主義の精神』梶山力・大塚久雄訳、岩波文庫、下巻、二四五〜二四六ページ。

ニーチェ年譜

一八四四年

プロイセンのライプチヒ近郊の町レッケンで、牧師の家に生まれる。両親ともプロテスタントの牧師の家の出身だった。

一八六四年　二〇歳

ボン大学神学部に入学。古典学の魅力につかれて、翌年には神学をやめると宣言し、文学部に編入する。

一八六五年　二一歳

ボン大学で文献学を学んだリッチュル教授がライプチヒ大学に移ったため、ニーチェもライプチヒ大学に移る。リッチュル教授の薦めで文献学研究会を組織。ニーチェがもっとも文献学者らしかった時期である。この年ショーペンハウアーの『意志と表象としての世界』を読んで感銘をうける。

一八六七年　二三歳

ライプチヒ大学の懸賞に応募した論文「ディオゲネス・ラエルティオスの典拠について」が受賞。一〇月にナウムブルク野戦砲兵騎馬連隊に入隊し、訓練をうける。

一八六八年　二四歳
軍務中に落馬して胸を強打し、療養。一〇月に除隊になり、ライプチヒ大学に復学する。『トリスタンとイゾルデ』を聴いて、ヴァーグナーに心酔する。リッチュル夫人の紹介でヴァーグナーを初めて訪問。

一八六九年　二五歳
文献学の研究者として学界から嘱望され、リッチュル教授の推薦で、バーゼル大学から古典文献学担当の員外教授として招聘される。まだ二五歳の若さであり、しかも博士論文も教授資格の取得も免除されることになった。翌年には正教授に昇格している。ニーチェが後に身体を壊してリゾート地をさすらうあいだも、バーゼル大学は年金を払いつづけ、ニーチェの生活を支えたのだった。

一八七二年　二八歳
前の年の春にルガノに滞在していた時に執筆した『悲劇の誕生』を年初に刊行。アポロ的なものとディオニュソス的なものという二つの芸術衝動の原理を提示した傑作である。ギリシア悲劇の根底には、ディオニュソス的な芸術衝動が働いていたと主張し、その根源を「合唱」という音楽に求めた。初版のタイトルを『音楽の精神からの悲劇の誕生』としたのもそのためであり、ニーチェはヴァーグナーの楽劇において、古代のギリシアの悲劇が再生すると考えたのである。このヴァーグナーへの思い入れのために、ヴァーグナー夫妻からは激賞されるが、文献学の専門家たちの評価はきわめて低かった。リッチュル教授にまで、「才気走った酔っぱらい」と評されるくらいだったのである。この時代の論考『ギリシア人の悲劇時代における哲学』は今なお鋭い考察を秘めている。

一八七三年　二九歳

『反時代的考察』第一篇を出版。第二篇と第三篇は翌年刊行。当時のドイツ文化の俗物性にたいする激しい批判で、ショーペンハウアーとヴァーグナーのうちに救いを見いだしている。

一八七六年　三二歳

病気のために大学の授業を休講にする。『反時代的考察』第四篇、『バイロイトにおけるリヒャルト・ヴァーグナー』を刊行。第一回バイロイト祝祭劇で『ニーベルンゲンの指輪』の練習を聴きにでかけるが、失望して逃げ出す。イタリア旅行。

一八七八年　三四歳

『人間的な、あまりに人間的な』を刊行し、ヴァーグナーとの仲が決裂する。人々の称賛を博していたヴァーグナーが、楽劇によって古代ギリシア悲劇の精神を復活させてほしいという願いを裏切るものに思えたのである。ヴァーグナーは激しいニーチェ批判の文章を公表する。

一八八一年 三七歳

六月末に、『曙光』刊行。前年にヴェネチア、バーゼル、マリエンバード、ジェノヴァなどのリゾート地を訪問しながら、書き留めたアフォリズムを集めたものである。この時代からニーチェはホテルにトランク一つで滞在し、歩きながら考えたアフォリズムをまとめて書物にするようになる。これがニーチェの思考を紡ぐ方法となったのだった。八月にジルス・マリアに滞在。「永遠回帰」の思想に襲われたのは、この地に滞在しているときのことだった。

一八八二年 三八歳

ルー・ザロメと出会う。すぐに結婚を申し込んで、拒絶されるが、友人のレーと三人で共同生活をする計画を立てる。『悦ばしき智恵』刊行。晩期にさしかかる前の中期のニーチェのきわめて豊饒な思考を集めたものである。

一八八三年 三九歳

六月に『ツァラトゥストラかく語りき』の第一部を刊行。九月には第二部を刊行する。巧みな比喩と凝った文体で、ニーチェの思想を〈詩〉として表現した書物であり、文学作品としても名を残す傑作である。なお第三部は一八八四年、第四部は一八八五年に刊行される。

一八八五年 四一歳

ジルス・マリアに滞在しながら、『善悪の彼岸』の草稿を書き上げる。ニーチェの晩年の思想は『力への意志』としてまとめられるはずだったが、結局は完成されなかったために、ニーチェの哲学的な著書において主著となるのは、『善悪の彼岸』と『道徳の系譜学』の二冊である。

一八八六年　四二歳

『善悪の彼岸』刊行。自費出版で、一年かけても一〇〇部ほどしか売れなかった。ニーチェのアフォリズムがもっとも巧みなテンポによって、思想的な鋭さをきらめかせながら展開された書物である。『悲劇の誕生』に「自己批判の試み」と題した文章をつけて、かつてヴァーグナーに心酔していた頃の文章を「自己批判」する。また『人間的な、あまりに人間的な』の第一部と第二部に、新しい序文をつけて刊行し直す。

一八八七年　四三歳

改訂の試みがつづけられ、一八八一年の『曙光』に序文をつけた新版を刊行し、一八八二年の『悦ばしき智恵』に、新たに執筆した第五部と「プリンツ・フォーゲルフライの歌」をつけた増補版を刊行する。『善悪の彼岸』を補足する論文として、『道徳の系譜学』を刊行した。この書物ではキリスト教の司牧者の倫理が、いかに西洋の道徳の背後にあって、哲学や科学の思考そのものまで規定しているかを浮き彫りにする。

一八八八年　四四歳

ニーチェ晩年のさまざまな構想が立て

られる。『力への意志』の構想の一部は、『偶像の黄昏』としてまとめられ(刊行は翌年)、キリスト教批判の部分は、価値転換の書『アンチクリスト』としてまとめられることになる。さらにヴァーグナー批判の書物として『ヴァーグナーの場合』が執筆され、自伝的な書物『この人を見よ』も書き始められる。

一八八九年　四五歳

一月三日、イタリアのトリノで昏倒。七日までのあいだに「ディオニュソス」「十字架にかけられし者」と署名した多数の「狂気の手紙」を友人たちに送っている。なかでもヴァーグナー夫人のコジマには数通の手紙を送っているが、その一つには、「アリアドネ、われは御身を愛す。ディオニュソスより」と書かれていた。友人に伴われてバーゼルに戻るが、治療不可能と診断される。

一八九三年　四九歳

妹のエリーザベトが、ニーチェの原稿を集めて『力への意志』として編集を開始する。現在でもニーチェの著作のように扱われるが、ニーチェにはこのような形で出版する意志はなかったようである。この頃から病状は悪化し、ほとんど外出もできなくなる。

一九〇〇年　五五歳

八月二五日、死去。故郷のレッケンに葬られた。

訳者あとがき

「論文は、書かない」と語ったニーチェであったが、『善悪の彼岸』につづく書物であるこの『道徳の系譜学』は、「論争の書」として、アフォリズムの形式ではなく、三つの論文で構成されている。本書の「解説」では、道徳の系譜を歴史的に考察するために、ニーチェの論文の順序にこだわらずに分析を試みたが、ニーチェはこの三つの論文はどれもその最後のところで、「新しい真理が厚い雲間から顔を出す」(『この人を見よ・自伝集』川原栄峰訳、ちくま学芸文庫、一五四ページ)と考えていた。この「訳者あとがき」では、ニーチェの意図を紹介しておきたい。

善と悪の概念の系譜学的な考察を展開した第一論文の結論となるのは、「キリスト教というものが怨恨《ルサンチマン》の精神から生まれた」(同)ということである。『善悪の彼岸』では、「道徳の博物学のために」の篇で、「家畜の群れの道徳命法」が考察されたが、本書ではこれを深める形で、さらに「道徳における奴隷の叛乱」(五六ページ)が、どのようなルサンチマンから生まれ、それがいかにして「ローマとユダヤの闘い」（八六ページ）として、西洋の歴史において決定的な意味をもつようになったかが、考察されるのである。

良心の発生を系譜学的にたどった第二論文の結論となるのは、「良心とは、もはや外部に向かって放電できなくなってしまったので方向を変えて内面へ向かうようになった残虐性の本能」（前掲書一五五ページ）であること、この残虐性は「文化の基礎としては最も古いものの一つであり、最も無視すべからざるものの一つ」（同）だということである。この論文では約束と責任、刑罰と法について語りながら、キリスト教のうちで育まれた〈良心〉が、社会のうちで生きる人間をいかに苦しめるかを暴いていくのだった。

最後に禁欲の理想を体現する哲学者、芸術家、学者について考察した第三論文の結論となるのは、「禁欲的理想、この僧侶の理想はずばぬけて有害な理想であり、一つの終末への意志」（同）であること、しかし人間にはほかには理想がなかったのであり、この理想によって、人間が興味深いものとなったこと、この理想と司牧者の精神がなければ、「人間のすべての歴史はきわめて面白みのないものになったに違いない」（四九ページ）ということである。

本書は『善悪の彼岸』の結論をひきつぎながら、西洋の道徳と価値観の伝統を鋭い刃で腑分けしたものであり、新しい道徳と新しい価値の可能性を探るものとして、現代にいたる多数の哲学者たちに大きな刺激を与えてきた。ニーチェの価値転換の試みをさまざまな場所で応用しようとしたジョルジュ・バタイユ、西洋のキリスト教的な道徳に代わる新しい道徳の可能性を探ったミシェル・フーコー、自己の欲望を肯定する倫理学を目指したジル・ドゥルーズ、ニーチェの形而上学批判をうけついで脱構築の方法を構想したジャック・デリダにいたるまで、ニーチェのこの二冊の書物は現代の哲学の深いところで働いてきたのであり、これを読むすべての者に、いまなお大きな刺激を与えつづけているのである。

本書はいつものように、光文社の文芸編集部の駒井稔編集長と編集者の今野哲男さんの励ましをきっかけとし、文芸編集部の中町俊伸さんのわかりやすさへのこだわりと、編集者の中村鐵太郎さんの細かな原文チェックを支えとして誕生したものである。いつもながらのご支援に、心から感謝の言葉を申しあげたい。

中山　元

kobunsha classics
光文社古典新訳文庫

道徳《どうとく》の系譜学《けいふがく》

著者 ニーチェ
訳者 中山《なかやま》 元《げん》

2009年6月20日 初版第1刷発行
2025年7月30日 第8刷発行

発行者 三宅貴久
印刷 新藤慶昌堂
製本 ナショナル製本

発行所 株式会社光文社
〒112-8011東京都文京区音羽1-16-6
電話 03（5395）8162（編集部）
03（5395）8116（書籍販売部）
03（5395）8125（制作部）
www.kobunsha.com

KOBUNSHA

落丁本・乱丁本は制作部へご連絡くだされば、お取り替えいたします。
ISBN978-4-334-75185-2 Printed in Japan

いま、息をしている言葉で、もういちど古典を

長い年月をかけて世界中で読み継がれてきたのが古典です。奥の深い味わいある作品ばかりがそろっており、この「古典の森」に分け入ることは人生のもっとも大きな喜びであることに異論のある人はいないはずです。しかしながら、こんなに豊饒で魅力に満ちた古典を、なぜわたしたちはこれほどまで疎んじてきたのでしょうか。

ひとつには古臭い教養主義からの逃走だったのかもしれません。真面目に文学や思想を論じることは、ある種の権威化であるという思いから、その呪縛から逃れるために、教養そのものを否定しすぎてしまったのではないでしょうか。

いま、時代は大きな転換期を迎えています。まれに見るスピードで歴史が動いていくのを多くの人々が実感していると思います。

こんな時わたしたちを支え、導いてくれるものが古典なのです。「いま、息をしている言葉で」——光文社の古典新訳文庫は、さまよえる現代人の心の奥底まで届くような言葉で、古典を現代に蘇らせることを意図して創刊されました。気取らず、自由に、心の赴くままに、気軽に手に取って楽しめる古典作品を、新訳という光のもとに読者に届けていくこと。それがこの文庫の使命だとわたしたちは考えています。

このシリーズについてのご意見、ご感想、ご要望をハガキ、手紙、メール等で翻訳編集部までお寄せください。今後の企画の参考にさせていただきます。
メール　info@kotensinyaku.jp

光文社古典新訳文庫　好評既刊

光文社古典新訳文庫　好評既刊

道徳形而上学の基礎づけ
カント／中山《なかやま》元《げん》◉訳

なぜ嘘をついてはいけないのか？　なぜ自殺をしてはいけないのか？　多くの実例をあげて道徳の原理を考察する本書は、きわめて現代的であり、いまこそ読まれるべき書である。

永遠平和のために／啓蒙とは何か　他3編
カント／中山《なかやま》元《げん》◉訳

「啓蒙とは何か」で説くのは、自分の頭で考えることの困難と重要性。「永遠平和のために」では、常備軍の廃止と国家の連合を説く。現実的な問題意識に貫かれた論文集。

人間不平等起源論
ルソー／中山《なかやま》元《げん》◉訳

人間はどのようにして自由と平等を失ったのか？　国民がほんとうの意味で自由で平等であるとはどういうことなのか？　格差社会に生きる現代人に贈るルソーの代表作。

社会契約論／ジュネーヴ草稿
ルソー／中山《なかやま》元《げん》◉訳

「ぼくたちは、選挙のあいだだけ自由になり、そのあとは奴隷のような国民なのだろうか」。世界史を動かした歴史的著作の画期的新訳。本邦初訳の「ジュネーヴ草稿」を収録。

存在と時間（全8巻）
ハイデガー／中山《なかやま》元《げん》◉訳

〝存在（ある）〟とは何を意味するのか？　刊行以来、哲学の領域を超えてさまざまな分野に影響を与え続ける20世紀最大の書物。定評ある訳文と詳細な解説で攻略する！

人はなぜ戦争をするのか　エロスとタナトス
フロイト／中山《なかやま》元《げん》◉訳

人間には戦争せざるをえない攻撃衝動があるのではないかというアインシュタインの問いに答えた表題の書簡と、「喪とメランコリー」、『精神分析入門・続』の二講義ほかを収録。

光文社古典新訳文庫　好評既刊

幻想の未来／文化への不満

フロイト／中山《なかやま》元《げん》◉訳

理性の力で宗教という神経症を治療すべきだと説く表題二論文と、一神教誕生の経緯を考察する「人間モーセと一神教（抄）」。後期を代表する三論文を収録。

ユダヤ人問題に寄せて／ヘーゲル法哲学批判序説

マルクス／中山《なかやま》元《げん》◉訳

宗教批判からヘーゲルの法哲学批判へと向かい、真の人間解放を考え抜いた青年マルクス。その思想的跳躍の核心を充実の解説とともに読み解く。画期的な「マルクス読解本」の誕生。

寛容論

ヴォルテール／斉藤《さいとう》悦則《よしのり》◉訳

実子殺し容疑で父親が逮捕・処刑された〝カラス事件〟。著者はこの冤罪事件の被告の名誉回復のために奔走する。理性への信頼から寛容であることの意義、美徳を説く歴史的名著。

ニコマコス倫理学（上・下）

アリストテレス／渡辺《わたなべ》邦夫《くにお》・立花《たちばな》幸司《こうじ》◉訳

知恵、勇気、節制、正義とは何か？　意志の弱さ、愛と友人、そして快楽。もっとも古くて、もっとも現代的な究極の幸福論、究極の倫理学講義をアリストテレスの肉声が聞こえる新訳で！

自由論

ミル／斉藤《さいとう》悦則《よしのり》◉訳

個人の自由、言論の自由とは何か。本当の「自由」とは。二十一世紀の今こそ読まれるべき、もっともアクチュアルな書。徹底的にわかりやすい訳文の決定版。（解説・仲正昌樹）

幸福について

ショーペンハウアー／鈴木《すずき》芳子《よしこ》◉訳

「人は幸福になるために生きている」という考えは人間生来の迷妄であり、最悪の現実世界の苦痛から少しでも逃れ、心穏やかに生きることが幸せにつながると説く幸福論。